SAMORA MACHEL

UMA BIOGRAFIA

EDITORA A

ALLEN F. ISAACMAN e BARBARA S. ISAACMAN

SAMORA MACHEL

UMA BIOGRAFIA

TRADUÇÃO

JUDITE BALOI

São Paulo / 2023

EDITORA AQUARIANA

Título original: *Mozambique's Samora Machel. A Life cut Short*
by Ohio University Press, Athens, 2020
e Dezembro de 2020, Alcance Editores, Maputo

Tradução:
Judite Baloi

Capa - Arte final:
Antonieta Canelas a partir da capa da edição portuguesa

Dados Internacionais de Catalogação na Publicação (CIP)
Lumos Assessoria Editorial
Bibliotecária: Priscila Pena Machado CRB-7/6971

I74 Isaacman, Allen F.
Samora Machel : uma biografia / Allen F. Isaacman e Barbara S. Isaacman ; tradução Judite Baloi. — São Paulo : Aquariana, 2023.
280 p. ; 23 cm.

"Título original: Mozambique's Samora Machel. A Life cut Short"
Inclui bibliografia.
ISBN 978-65-5771-009-8

1. Machel, Samora, 1933-1986 - Biografia. 2. Presidentes - Moçambique - Século XX - Biografia. 3. Nacionalistas - Moçambique - Biografia. 4. Moçambique - Política e governo - Até 1975. 5. Moçambique - Política e Governo - 1975-1994. I. Isaacman, Barbara S. II. Baloi, Judite. III. Título.
CDD23: 967.9051092

Vendas e distribuição:
Editora Oka
vendas@editoraoka.com.br

ÍNDICE

PREFÁCIO

As palavras "A luta continua" figuram num trabalho artístico próximo dos portões de entrada do Tribunal Constitucional da África do Sul, que se situa no centro da prisão de Old Fort. Elas lembram-nos líderes como M. K. Gandhi, Albert Luthuli, Nelson e Winnie Mandela, Helen Joseph, Fatima Meer, Oliver Tambo e Robert Sobukwe, que ali foram encarcerados por causa da sua busca de justiça e liberdade. Até aos dias de hoje, quando as pessoas na África do Sul desafiam a corrupção e o abuso de funções em altos cargos, dizem: "A luta continua!" A frase faz também recordar a nossa ligação com Moçambique e com Samora Machel. Traz-me de volta a fonte de inspiração que Samora foi para mim durante os onze anos em que vivi e trabalhei naquele país, e quase ali morri.

Como adorávamos ouvir Samora falar perante grandes multidões na Praça da Independência. Ele era engraçado, melodioso, envolvente, transmitindo grandes ideias políticas com clareza e simplicidade. Sempre se aprendia alguma coisa. Sentíamo-nos ligados a ele e a dezenas de milhares de outros que ouviam avidamente cada palavra sua.

E como nos deliciava com as suas invocações do internacionalismo. Lembrava constantemente aos milhares que enchiam a praça que Moçambique tinha conquistado a sua independência graças a um enorme apoio internacional e que pessoas de todo o mundo eram sempre bem-vindas para cooperar na construção de uma nova sociedade. No meio da multidão, vi dezenas de pessoas de uma imensidão de países. Entre eles estariam cubanos enviados por Fidel, chilenos que tinham fugido do regime de Pinochet, e brasileiros e argentinos em fuga das ditaduras militares nos seus países. Havia sul-africanos — Ruth First, imediatamente antes de ser assassinada, Alpheus Manghezi e Rob Davies, do Centro de Estudos Africanos, eu, que vinha da recém-criada Faculdade de Direito da Universidade Eduardo Mondlane, e estudantes como Ben Mokoena e Tom Moyane. E lá estariam também Allen Isaacman, destacado historiador do Moçambique contemporâneo, e a sua esposa, Barbara Isaacman, minha colega na Faculdade de Direito (as "Isaacpeople", como lhes chamávamos a brincar), os autores deste livro investigado de forma magnífica e extremamente cativante.

Todos nos sentíamos orgulhosos de lá estar. Samora entoava e guiava-nos nas canções de liberdade, e depois nos "vivas": "Viva a justa luta do povo oprimido da África do Sul!" — "Viva!" "Viva a emancipação das mulheres!" — "Viva!"! "Abaixo o racismo, o tribalismo e o regionalismo!" — "Abaixo!" "A luta...", Samora exclamava, fazia uma pausa, e nós respondíamos, "continua!

Encantava-nos, em especial, o humor e o sentido de humanidade de Samora. Referindo-se aos africanos que exploravam os seus próprios povos, dizia-nos que havia pessoas que resistiam ferozmente a serem comidas por um tigre estrangeiro, mas que não se importavam nada de ser devoradas por um leão local. Ao falar das relações com países como a Zâmbia e a Tanzânia, referia que havia pessoas dos países vizinhos que se julgavam superiores por terem sido colonizadas pelos britânicos, e não pelos portugueses. Ou então perguntava: por que razão na era colonial os nossos empregados de mesa atendiam os soldados portugueses com cortesia e respeito, mas depois eram malcriados com o seu próprio povo? A resposta era que o inimigo estava alojado nas nossas cabeças — nós ainda tínhamos a mentalidade do subdesenvolvimento.

Histórias sobre Samora tornaram-se uma verdadeira lenda. Lembro-me o quanto me senti inspirado pelo relato de uma situação que ocorrera entre Samora e o seu pai. No período colonial, o pai de Samora foi expulso de um pedaço de terra fértil ao longo do rio Limpopo para dar lugar aos camponeses portugueses que vieram para cultivar arroz. Quando a independência foi conquistada e os colonos regressaram a

Portugal, o papá Machel perguntou ao filho quando é que ele podia regressar e recomeçar a plantar naquele sítio. Para sua desolação e para nosso regozijo, Samora respondeu que a Frelimo não tinha lutado para que o pai do Presidente tivesse acesso a terra, mas sim para que a nação tivesse acesso a comida. A nossa alegria foi imensa.

Nós acreditávamos que os beneficiários da revolução deveriam ser os mais necessitados, e não os mais próximos do Presidente, e que a propriedade privada da terra deveria dar lugar a formas mais coletivistas e socialistas de uso da terra. Com a ajuda da Bulgária, o governo da Frelimo criou uma enorme machamba estatal nas margens do rio Limpopo. Os tratores vieram cultivar o solo, o que foi bom, mas colocaram quantidades excessivas de fertilizantes, o que foi mau. O arroz cresceu demasiado depressa e foram necessários voluntários das cidades para a colheita prematura. Hoje, se alguém me pedir para ir colher arroz, mesmo se tivesse sido antes da bomba e eu ainda tivesse dois braços [Sachs refere-se ao atentado à bomba que sofreu], sabia logo que estavam em grandes apuros. Mesmo que para mim fosse fantástico estar nos campos com os trabalhadores a cortar arroz com uma foice, para o país foi um desastre. O nosso encanto transformou-se em desalento. O objetivo era nobre, e dada a ausência de uma classe dirigente nativa, a tentação de colocar tudo nas mãos do estado era compreensível. Mas o resultado foi calamitoso. Hoje, nem mesmo os pensadores mais radicais negariam que o pai de Samora deveria ter recuperado as suas terras, não porque fosse o pai do presidente, mas sim porque tinha sido forçado a abandoná-las.

Esta história feliz ficou triste e lembra-me um dos ditados favoritos de Samora: para conhecer o sabor de uma pera-abacate, é preciso cortá-la ao meio. Pretendia, com isto, dizer que em vez de se tentar reprimir as contradições políticas, deve-se trazê-las à luz do dia, lidar com elas de forma decisiva e sair mais forte em consequência disso. Este livro está repleto de informação cuidadosamente investigada e apresentada de forma sintética, tratando de muitas das contradições com que a Frelimo se teve de debater.

Há muito que eu sabia da existência, desde os primórdios da Frelimo, da luta entre duas tendências, de como Samora tinha apoiado ardentemente o não-racismo entre os seus militantes, se tinha recusado a matar soldados portugueses capturados, ajudara Josina Machel na sua determinação de pegar em armas, e insistira que o inimigo não era uma raça, mas sim um sistema de exploração. Conhecia também a forma como a Frelimo navegava artisticamente pelas águas difíceis da Guerra Fria. Mas página após página deste livro, descobri novas informações. Soube do estado fragmentado da Frelimo na altura em que o seu fundador Eduardo Mondlane foi assassinado, dos intensos debates que seguiram na sua liderança, dos detalhes acerca da Incursão na Matola pelos comandos de Pretória, de como o Acordo de Nkomati com Botha veio a ser assinado, do assassinato de Simango e de outros que tinham sido expulsos da Frelimo e, por fim, de detalhes fascinantes sobre Samora como um pai extremoso, amoroso, e porém rigoroso, de cinco filhos.

Eu estava, naturalmente, familiarizado com a feroz contradição existente entre Moçambique recém-independente, assente em convicções de poder popular, e a sua vizinha África do Sul racista, alicerçada na premissa da supremacia branca. Estava a par da determinação da África do Sul em desestabilizar todos os estados da Linha da Frente, Moçambique e Angola em particular. Mas fiquei surpreendido ao descobrir a enormidade do preço que Moçambique pagou por apoiar a nossa luta de libertação.

Quando Pretória realizou ameaças militares, alegando que Moçambique possuía armas secretas da União Soviética, Samora respondeu que as armas secretas do seu país eram pessoas como Ruth First, que pela sua convicção na dignidade humana e na justiça para todos, tinha sido assassinada por uma carta-bomba que lhe fora enviada da África do Sul para o Centro de Estudos Africanos. No entanto, a agressão de Pretória contra Moçambique foi muito além do assassinato de Ruth First e do assassinato de outros membros do ANC no país.

Ela implicava provocar e atiçar as chamas da guerra civil. Os comandos sul-africanos sabotavam as linhas de transporte de energia com regularidade. Quando o músico sul-africano Abdullah Ibrahim deu um recital de piano em memória de Ruth na noite da sua morte, todas as luzes da cidade se apagaram e a homenagem musical de Abdullah continuou, de forma memorável, à luz de uma única vela. Uma ponte sobre o rio Zambeze foi destruída com recurso a explosivos. Navios vindos do estrangeiro e comboios provenientes do interior de África foram desviados para longe do porto de Maputo. Havia milhões de refugiados. A economia nunca conseguiria ser relançada. Dezenas de crianças foram recrutadas pela Renamo como soldados na luta contra a Frelimo. Centenas de milhares de pessoas morreram. Milhares de outras pessoas perderam os seus membros devido às minas terrestres. Embora eu tenha sobrevivido à bomba colocada no meu carro por agentes da segurança sul-africana, tendo perdido o meu braço direito e a visão de um olho, dois moçambicanos morreram devido a ferimentos provocados por estilhaços.

Algumas das passagens mais marcantes deste livro contam como o avião que transportava Samora, o seu assistente, Fernando Honwana, o director do Centro de Estudos Africanos, Aquino de Bragança, e mais de vinte outras pessoas, foi atraído para a catástrofe em solo sul-africano. Regressavam de uma reunião de alguns dos estados da Linha da Frente, na Zâmbia, empenhada em reforçar a oposição a Pretória. Ficámos atónitos em Moçambique. Chorámos abertamente. Uma semana antes do acidente, Rob Davies, que ouvia a propaganda da SABC (South African Broadcasting Corporation) sobre Assuntos da Atualidade transmitida todas as manhãs, elaborara um relatório para enviar a Oliver Tambo, em Lusaca, indicando que tinha registado uma mudança profunda na posição de Pretória em relação a Samora Machel. Até essa semana, salientara, a linha política de Pretória apontava para a necessidade de resgatar Samora das garras dos seus controladores comunistas. Agora o locutor referia que Samora se tinha mostrado inimigo da boa vizinhança na região, pelo que a retaguarda do seu poder tinha de ser destruída. Dias depois, Samora morreu.

Samora falava frequentemente do Povo. "O Povo nunca morre", dizia-nos ele. "Os líderes vêm e os líderes vão, mas o Povo nunca morre." E agora Samora estava morto. As pessoas teriam de suportar mais alguns anos de guerra civil amarga, milhares morreriam e centenas perderiam as pernas por causa das minas. A energia e o otimismo que caracterizavam a revolução e a formação da nação tinham sido destruídos. Novos problemas de corrupção e autoritarismo iriam surgir.

E depois, na estranha forma como a história opera, neste livro tão bem captada, o espírito indomável de Samora começou a ressurgir. Desta vez não através das suas canções e discursos como Chefe do Estado na Praça da Independência, mas por cassetes e pela música rap escutada pelas pessoas no terreno. E assim, percebe-se como a memória de Samora nas mentes do povo nunca morreu.

Os nossos agradecimentos devem ser endereçados ao Allen e à Barbara por terem conseguido captar tanto desta notável história. Allen, o idealista, e Barbara, a cética, uniram esforços para nos oferecer um retrato de um grande líder africano, que é uma narrativa rica, encantadora e incisiva. O livro recorda-nos como os povos de África têm sido e devem continuar a ser interdependentes. Revela o terrível preço em sangue e riqueza que Moçambique foi obrigado a pagar para que nós, na África do Sul, conseguíssemos derrubar o *apartheid*. Demonstra como Moçambique se tornou um eixo para o desenvolvimento político na nossa região do mundo, ensinando-nos a importância de uma boa liderança e da existência de líderes, em vez de um único grande líder. Acima de tudo, exorta-nos a dar continuidade à transformação a nossa sociedade e economia ao serviço dos pobres e dos marginalizados, como defendia Samora, mas a fazê-lo através dos mecanismos complexos e constitucionalmente definidos de uma sociedade aberta e democrática. Esta foi uma lição que aqueles de entre nós que viveram e trabalharam em Moçambique aprenderam não com livros ou ideologia, mas sim com a experiência.

Samora era um africano orgulhoso, um libertador orgulhoso, um internacionalista orgulhoso e um ser humano orgulhoso e humano, com grande sensibilidade cultural. Tinha os seus defeitos — e o sistema em que cresceu e que ajudou a desenvolver possuía lacunas. Mas apesar destas falhas, o Povo tem razão em enaltecer a sua memória. A minha geração honra-o e ama-o pela forma como transformou a natureza do que se considerava ser o modelo de um líder revolucionário africano. Ele *indigenizou* a teoria revolucionária, lutou contra o racismo e o tribalismo e falou fervorosamente sobre a emancipação da mulher. É hoje amado pelos cidadãos comum em Moçambique por simbolizar qualidades que não conseguem ver na maioria dos líderes atuais: a sua integridade, a sua humanidade calorosa, cativante e culturalmente rica, a sua independência de espírito e mente e, acima de tudo, a sua determinação profunda e resoluta para permitir aos pobres que transformassem as suas vidas.

Viva Samora Machel, viva! Que a luta pela qual deu a vida continue! A luta continua!

Albie Sachs
Cidade do Cabo

AGRADECIMENTOS

Temos uma dívida especial de gratidão para com os inúmeros amigos e colegas moçambicanos que, ao longo dos anos, nos têm ensinado tanto sobre a história do seu país. Um agradecimento especial é extensivo a Ian Christie, Yusuf Adam, Azagaia, Isabel Maria Casimiro, Arlindo Chilundo, João Paulo Borges Coelho, Frances Christie, Flávia Gemo, Eulésio Viegas Felipe, Carlos Fernandes, Raul Honwana, Suzette Honwana, Benedito Machava, Denise Malauene, Ricardo Rangel, Daniel Ribeiro, Alda Saute, Teresa Cruz e Silva, António Sopa, Amélia Neves de Souto, Joel Tembe, Carmen Zucula e Paulo Zucula. Luís Bernardo Honwana, um grande amigo, partilhou connosco ao longo dos anos muito do passado da sua família, mas optou por não divulgar informações sobre o tempo em que passou como chefe do Gabinete do Presidente, durante grande parte da presidência de Samora, nem sobre a sua relação com Samora e a liderança da Frelimo.

Sem o conhecimento em primeira mão de Aquino de Bragança, José Luís Cabaço, Ian Christie, Teodato Hunguana, António Alves Gomes, Óscar Monteiro, João Velemo Munguambe, Jacob Jeremias Nyambir, Prakash Ratilal, Honorata Simão Tschussa e António Hama Thai, não teríamos conseguido escrever este livro. As suas recordações proporcionaram-nos uma visão inestimável sobre Samora, o homem e líder político, e preencheram lacunas no nosso conhecimento sobre as forças significativas que moldam a trajetória da história moçambicana

Em várias ocasiões, tivemos a sorte de ter a oportunidade de falar com membros da família mais direta de Samora. As nossas conversas foram francas e de grande alcance, por vezes com a duração de várias horas. Através das suas narrativas, que remontam à juventude de Samora, conseguimos perceber melhor este líder complexo. Agradecemos especialmente à Graça, Olívia, Ornila, Jucelina e Samito, assim como às sobrinhas e aos sobrinhos de Samora, que tornaram estes encontros tão informativos e agradáveis.

Vários estudiosos de renome de Moçambique leram este manuscrito atentamente e de forma crítica. Estamos particularmente gratos a Edward Alpers, Heidi Gengenbach, Paolo Israel, William Minter, David Morton e Jeanne Penvenne. Os seus comentários tornaram este livro muito melhor, tal como as valiosas sugestões de Paul Fauvet e Elizabeth Schmidt.

Beneficiámos das sugestões inteligentes e sensíveis de amigos próximos que nos acompanharam ao longo dos anos na nossa jornada moçambicana. Ao Jim Johnson, Roberta Washington, Sara Evans, Ray Arsenault e Gillian Berchowitz devemos a nossa mais profunda gratidão.

Estamos particularmente gratos a Daniel Douek, que partilhou as suas cópias pessoais do testemunho da Comissão de Verdade e Reconciliação, a Paolo Israel, que forneceu canções sobre Samora que recolhera em Cabo Delgado, aos arquivistas do Centro de Documentação Samora Machel, pelo tempo e energia que dedicaram a ajudar-nos e pelas fotografias de Samora que partilharam connosco.

A Fundação da Universidade do Minnesota forneceu fundos de investigação através da Allen's Regents Professorship, e a Graduate School ajudou a financiar a nossa investigação no estrangeiro.

Agradecemos igualmente ao Nuno e Michelle Kok Nam pela cedência das fotografias de Samora Machel, retiradas do acervo de Kok Nam, que enriquecem o nosso livro.

Dedicamos este livro ao povo moçambicano, que durante cinquenta anos nos acolheu, abriu-nos as portas das suas casas e partilhou connosco as recordações da sua história.

Temos uma dívida de gratidão para com Jorge Ferrão, Alves Gomes e Rui Rocha por nos terem facilitado a edição moçambicana do nosso livro. Acima de tudo, estamos profundamente gratos a Judite Baloi pela sua magnífica tradução do nosso estudo para o português.

PRÓLOGO. O DESAFIO DA REPRESENTAÇÃO

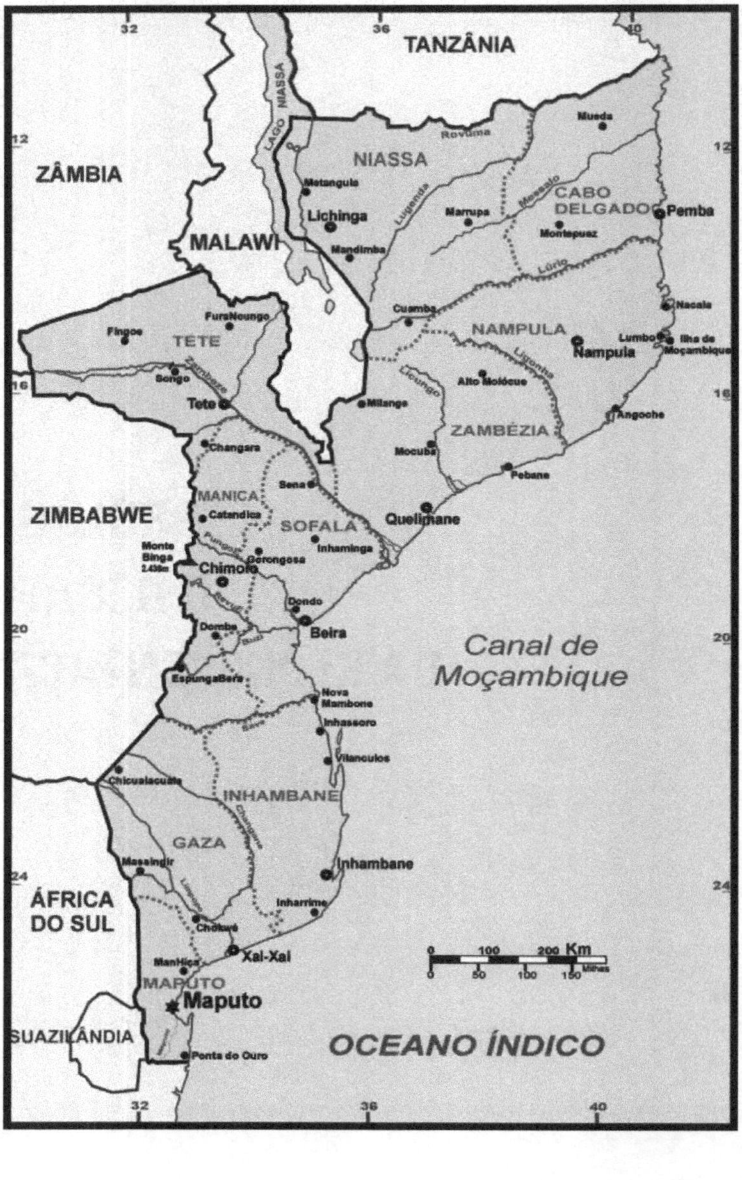
TANZÂNIA
ZÂMBIA
MALAWI
LAGO NIASSA
NIASSA
Rovuma
Mueda
Metangula
Lichinga
Mandimba
Lugenda
Marrupa
Messalo
CABO DELGADO
Pemba
Montepuez
Lúrio
Cuamba
Nacala
NAMPULA
Nampula
Lumbo
Ilha de Moçambique
Fingoe
TETE
Zambeze
Songo
Tete
Ligonha
Licungo
Alto Molócue
Milange
Angoche
ZAMBÉZIA
Mocuba
Changara
Pebane
Sena
MANICA
ZIMBABWE
Catandica
SOFALA
Quelimane
Inhaminga
Monte Binga
Gorongosa
Chimoio
Dondo
Beira
Dombe
Buzi
Canal de Moçambique
Espungabera
Nova Mambone
Save
Inhassoro
Vilanculos
Chicualacuala
INHAMBANE
Changane
GAZA
Massingir
Inhambane
ÁFRICA DO SUL
Limpopo
Inharrime
Chokwé
Xai-Xai
ManHiça
MAPUTO
Maputo
SUAZILÂNDIA
Ponta do Ouro
OCEANO ÍNDICO
0 100 200 Km
0 50 100 150 Milhas

Samora Machel é recordado como o primeiro presidente de Moçambique e um dos líderes africanos notáveis que foram assassinados, como Patrice Lumumba (Congo), Amílcar Cabral (Guiné-Bissau) e Thomas Sankara (Burkina Faso). Para os moçambicanos, foi o chefe da FRELIMO (Frente de Libertação de Moçambique), o exército guerrilheiro que, contra grandes adversidades, trouxe liberdade à sua pátria; na esfera internacional, no entanto, foi muito mais do que isso.

Em toda a África Austral, Samora foi um herói para os oprimidos. Os seus êxitos militares contra um regime colonial apoiado pela África do Sul, a Rodésia, os Estados Unidos e os seus aliados da NATO, reforçaram a sua reputação revolucionária. O seu apoio às forças de libertação do Zimbabwe e ao Congresso Nacional Africano, que se revelou muito oneroso para Moçambique, elevou ainda mais a sua estatura. Para o governo branco que dominava a Rodésia e o regime de *apartheid* da África do Sul, ele era a personificação do mal — um negro poderoso empenhado na construção de uma sociedade socialista não-racista nas suas fronteiras.

Samora também gozou de projeção internacional muito para além da importância de Moçambique. Em 1975, quando o país se tornou independente, o mundo parecia consideravelmente diferente do que é hoje. Os movimentos revolucionários, com agendas socialistas radicais, estavam em ascensão. Cuba resistiu aos esforços norte-americanos para destruir a sua revolução, os Estados Unidos foram derrotados no Vietname, os sandinistas chegaram ao poder na Nicarágua e os ventos da mudança ameaçavam varrer os governos colonialistas da África Austral. Samora fazia parte de uma nova geração de líderes revolucionários — Fidel Castro, Daniel Ortega, Michael Manley e Yasser Arafat — com quem partilhava uma visão comum e uma amizade calorosa.

Para a China e a Rússia, que apoiaram a FRELIMO durante a luta armada, Samora era um importante aliado que ajudava a combater a influência do ocidente em África. No entanto, após a independência, os soviéticos nunca confiaram totalmente nele — era demasiado independente, recusando-se a seguir a dogmática linha marxista-leninista, ou a apoiar Moscovo nas suas batalhas contra Pequim. Em contrapartida, os países da NATO acompanharam com preocupação a ascensão de Samora ao poder. Os Estados Unidos viam Moçambique através do prisma da Guerra Fria, como os soviéticos; mas aos olhos de Washington, este novo país ameaçava o crescente interesse dos Estados Unidos por África. Samora também desempenhou um papel importante no Movimento dos Não-Alinhados, onde assumiu uma posição militantemente anti-imperialista e opôs-se fervorosamente às tentativas de hegemonia global, tanto do leste como do ocidente.

Na década de 1980, a posição de Samora, tanto a nível interno como internacional, esta fragilizada. Não obstante, ele continuava a representar uma ameaça tão expressiva para o regime do *apartheid* e para os seus aliados, que os oficiais sul-africanos conspiraram para o eliminar. A 19 de Outubro de 1986 Samora morreu num misterioso acidente de aviação. A sua morte foi uma terrível perda para o país e para a região, bem como para aqueles que, em todo o mundo, partilhavam os seus ideais. Nós estávamos entre eles.

Tomámos conhecimento da morte de Samora na noite seguinte, bem depois da meia-noite em Minneapolis, por um telefonema de Roberta Washington, uma querida amiga e colega com quem tínhamos trabalhado de perto em Moçambique. Com a voz muito baixa, disse-nos que Samora Moisés Machel e muitos dos seus conselheiros mais próximos tinham morrido quando o avião que os transportava da Zâmbia se despenhou numa montanha em Mbuzini, na África do Sul.

Durante os dois anos (1978-79) que vivemos em Moçambique com os nossos dois filhos pequenos, tínhamos conhecido Samora, que admirávamos muito, tanto de longe, como em interações pessoais. Entre os que perderam a vida nessa noite estavam muitos amigos moçambicanos próximos, que eram como família para nós, entre os quais Aquino de Bragança e Fernando Honwana. Lamentamos a sua perda até ao dia de hoje.

A nossa relação com Moçambique e o seu povo tinha começado décadas antes. Em 1968, viajámos para a então colónia portuguesa para que o Allen pudesse realizar pesquisas para a sua dissertação de doutoramento. Ele escolheu Moçambique, em parte, para combater os pressupostos racistas que enquadravam a arrogante representação colonial do povo moçambicano. Durante demasiado tempo, as experiências deste povo permaneceram à sombra de uma tradição historiográfica quase exclusivamente centrada nos portugueses.

Para nós, ativistas da Universidade de Wisconsin no início dos anos de 1960 e comprometidos com a justiça social, o movimento dos direitos civis, a campanha contra a guerra e os esforços destinados a desmantelar o regime do *apartheid*, a luta armada travada pela FRELIMO para pôr fim a séculos de opressão portuguesa reforçou o interesse que já tínhamos pela colónia. (Neste livro, "FRELIMO" refere-se ao movimento de libertação e "Frelimo" ao partido político pós-independência). Felizmente, as autoridades portuguesas desconheciam a nossa política. Só obtivemos autorização porque um alto funcionário português acreditava que iríamos confirmar a tese de que Lisboa estava a seguir uma experiência social multirracial benigna, conhecida pela designação de "luso-tropicalismo". Uma vez que as autoridades coloniais estavam convencidas de que os africanos analfabetos não tinham uma história real e que estaríamos apenas a estudar "mitos e lendas", a pesquisa de Allen não parecia constituir uma ameaça ao *status quo*.

Uma vez em Moçambique, porém, um simpático administrador colonial alertou-nos que a perversa polícia secreta conhecida por PIDE (Polícia Internacional e de Defesa do Estado) nos estava a seguir. A sua advertência veio depois de termos criado um alvoroço em Sena, pequena vila do interior, onde alugávamos uma sala na parte traseira do bar local. Violando as convenções sociais, encorajámos o nosso tradutor a usar a casa de banho que partilhávamos com a família do proprietário, em vez de se aliviar ao ar livre. A mulher do proprietário estava furiosa, criticando-nos publicamente por permitirmos que pretos não civilizados usassem casas de banho dos europeus. No dia seguinte, agentes da PIDE interrogaram quem testemunhou esta discussão. Após a independência, descobrimos que este interrogatório não foi um incidente isolado. Nos arquivos, um longo relatório da PIDE descrevia como os seus agentes interrogaram os africanos das aldeias por onde andámos.

Tal incidente, embora em grande medida insignificante, revelou o caráter intrinsecamente explorador e degradante do colonialismo português. Quando funcionários coloniais, chefes leais e informadores conhecidos não estavam presentes, os anciãos de todo o Vale do Zambeze descreviam com pormenor os abusos que regularmente sofriam.[1] Ficámos a saber como, sob o regime do trabalho forçado (*chibalo*), que os idosos caracterizavam como uma forma moderna de escravatura, os administradores coloniais obrigavam os africanos a trabalhar por períodos de seis meses, em troca de um mísero salário - ou mesmo de nada - em projetos de obras públicas e plantações, e em quintas e minas dos europeus. Os que tentavam fugir eram espancados e encarcerados. No entanto, nem quem cumpria ficava protegido dos abusos físicos perpetrados pelos fiscais. Os trapos esfarrapados usados por muitos aldeãos e as crianças subnutridas e sem instrução com que nos deparávamos diariamente, contrastavam fortemente com o luxo de que a comunidade dos colonos usufruía.

Para a maioria dos africanos na capital colonial, Lourenço Marques, ou na Beira, a segunda maior cidade da colónia, a vida era apenas ligeiramente melhor. Vimos muitos africanos a serem esbofeteados, humilhados e até presos por comportamento considerado impróprio. Caminhámos pelos subúrbios fervilhantes apinhados de casas feitas de caniço, sem água corrente, sistema de esgotos, drenagem adequada e outras infra-estruturas básicas. As cidades onde os europeus viviam estavam interditas a quase todos os africanos, excepto durante as horas normais de trabalho.[2] A barreira baseada na cor — informal, mas vigorosamente aplicada — limitava as oportunidades educacionais e de emprego para a maioria da população africana. O casamento inter-racial era reprovado, embora muitos europeus frequentassem as casas da *luz vermelha*. Todas estas indignidades revelavam a verdadeira natureza do "luso-tropicalismo."

É certo que um pequeno número de africanos conseguiu escapar às práticas coloniais mais degradantes. Encontrámos assimilados e burocratas africanos com padrinhos europeus (patronos), que tinham adquirido casas de alvenaria nas periferias das cidades dos brancos e podiam proporcionar aos filhos mais do que uma educação rudimentar.[3] Os membros da família de Samora eram assimilados, tal como a sua viúva, Graça Machel, que tinha sido a única estudante africana na sua turma do liceu.[4]

As modestas reformas económicas e sociais promulgadas nos anos de 1960 não protegeram os africanos dos caprichos dos colonos, embora nem todos os portugueses fossem considerados abusadores. Na privacidade das suas casas ou em cafés tranquilos, um punhado de portugueses sentia-se suficientemente à vontade para criticar a ditadura fascista do falecido António de Oliveira Salazar. Alguns até reconheceram ter simpatia pela FRELIMO.

Não podíamos ficar calados perante a exploração que, durante um ano, observámos em Moçambique. No nosso regresso aos Estados Unidos, em 1970, Allen manteve um encontro com Sharfudin Khan, representante da FRELIMO junto das Nações Unidas, para oferecer apoio, e juntou-se ao Comité para um Moçambique Livre. Quando o livro baseado na sua dissertação ganhou o Prémio Herskovits da Associação de Estudos Africanos (AEA) de 1974, o Allen doou parte do dinheiro do prémio à FRELIMO e, mais importante ainda, pressionou a AEA a condenar o regime colonial português em Moçambique, Angola, Guiné-Bissau, Cabo Verde e São Tomé. Em Junho de 1975, Allen compareceu perante o Congresso dos EUA para condenar o apoio americano ao Governo de Lisboa, tendo posteriormente testemunhado nas audições da subcomissão do Congresso sobre a situação em Moçambique no período pós-independência.

A 25 de Junho de 1975, Moçambique, sob a liderança da Frelimo, conquistou a independência e Samora Machel tornou-se o seu primeiro presidente. Dois anos mais tarde, fomos convidados a lecionar na Universidade Eduardo Mondlane (UEM), assim denominada em homenagem ao primeiro presidente da FRELIMO, assassinado pelos colonialistas portugueses. Os dezassete meses que lá vivemos foram tempos agitados, apesar da escassez de alimentos e das longas filas para comprar pão e carne. As crianças do nosso quarteirão rapidamente se tornaram amigos dos nossos dois filhos — em parte porque este tinham a única bola de futebol do bairro — e nós, bem como outros cooperantes, éramos tratados como camaradas e progressistas. Barbara trabalhou para a Organização da Mulher Moçambicana (OMM), escreveu um livro sobre a situação jurídica da mulher em Moçambique, como parte integrante da Década das Nações Unidas para as Mulheres, e ensinou direito do trabalho na Faculdade de Direito da UEM. Allen ajudou a formar a primeira geração de historiadores moçambicanos do período pós-independência. Estávamos animados e empenhados em participar na revolução. Acreditávamos que tudo era possível, mesmo que isso nos obrigasse, por vezes, a abdicar das nossas liberdades fundamentais.

Sob os auspícios do Gabinete do Presidente, realizámos vários projetos, incluindo o levantamento das condições de vida e de trabalho dos cooperantes ocidentais e o estabelecimento de laços com a *Business International*, uma organização ocidental que promove investimentos em todo o mundo. Allen e o seu colega Ian Christie realizaram uma entrevista de cinco horas com Samora, publicada em vários jornais e revistas ocidentais. Também nos reunimos periodicamente com o Presidente Machel e ficámos impressionados com a sua energia, intelecto e o profundo empenho que revelava para pôr fim à injustiça social.

Samora tinha um sentido de humor irónico, um grande ego e adorava fazer justiça. Numa ocasião, os cooperantes americanos residentes em Maputo fizeram uma doação para ajudar a reconstruir uma aldeia atacada por mercenários americanos que trabalhavam para o regime colonialista branco da vizinha Rodésia. Samora passou então por nós como a sua comitiva, quando esperávamos para entrar no evento, e apresentou Barbara como a "esposa de Allen Isaacman", ao que Barbara respondeu: "Não, ele é meu marido". Samora riu e acenou, aprovando com a cabeça para a comitiva que o acompanhava.

Mesmo depois de regressarmos ao nosso país em 1979, continuámos a apoiar Moçambique e o seu projeto socialista. Organizámos o Fundo Moçambicano para a Educação — que, para nossa surpresa, beneficiou de isenção de impostos por parte da Receita Federal — através do qual enviámos milhares de livros, muito necessários para as escolas rurais criadas após a independência. Também trabalhámos de perto com Valeriano Ferrão, embaixador de Moçambique nos Estados Unidos, na mobilização da oposição para a crescente agressão da África do Sul e dos seus aliados dentro do território moçambicano.[5]

Barbara regressou periodicamente a Moçambique e foi convidada para participar na conferência da OMM, em 1982. Na receção organizada pela Frelimo, o Presidente Machel saudou-a e perguntou onde estava Allen. Quando ela lhe disse que o marido estava, claro, em casa a cuidar dos filhos, ele riu-se e respondeu: "Estão a ver, nós temos algo a aprender convosco, americanos". Por volta da mesma altura, o livro de Barbara, *Women, the Law and Agrarian Change* (Mulher, Lei e Mudança Agrária), escrito em co-autoria com June Stephens, foi traduzido para português e amplamente lido em todo o país.

Nos anos seguintes, Allen passou a maior parte dos verões em Moçambique a recolher testemunhos orais. No fim de cada visita reunia-se com o Presidente Machel e outros funcionários do governo para discutir as condições nas zonas rurais e a política nos Estados Unidos. Se a crítica ao desprezo da Frelimo pela cultura e a história rurais caiu por vezes em saco roto — numa certa ocasião, um ideólogo do partido desvalorizou as suas críticas como sendo os pontos de vista idealistas de um "africanista" — Samora prestou sempre atenção aos relatos de Allen sobre os abusos de poder, a incompetência e a corrupção a que tinha assistido. Samora cometia muitos erros e enfurecia-se depressa, mas também demonstrava capacidade de ouvir, de desafiar as ortodoxias herdadas e de fazer a autocrítica.

Estamos a revelar a nossa ligação a Moçambique e à FRELIMO para sublinhar que fomos simultaneamente investigadores e testemunhas de um período importante da história deste país. Esperamos também mostrar como a nossa interpretação desta história é informada pelas nossas experiências pessoais, pela política e por temperamentos algo diferentes (Barbara foi sempre um pouco mais cética em relação às políticas da FRELIMO do que Allen). De certa forma, estamos a contar uma história de vida em que a relação entre autores e sujeitos é inseparável da história contada.[6]

Militantes, somos também académicos que prezam o rigor intelectual e a análise criteriosa. Na qualidade de intelectuais empenhados, queremos desafiar as hierarquias sociais e as instituições opressivas, bem como os pressupostos racistas que as sustentam. Não contentes em criticar o *status quo*, à nossa modesta maneira, procurámos alterá-lo. Somos movidos por um compromisso intelectual e um compromisso político, que se reforçam mutuamente, e rejeitamos a noção de que existe uma história autêntica e singular. Porém, sabemos que a nossa lealdade simultânea ao rigor da investigação e ao ativismo constitui um sério desafio. Reconhecemos as relações problemáticas existentes entre biógrafo e biografado. Os compromissos apaixonados por causas concretas não devem enfraquecer a capacidade de questionar ou a vontade de criticar as ideias e os movimentos que apoiamos e os homens e mulheres que admiramos. Edward Said disse-o, sem rodeios, quando advertiu: "nunca a solidariedade antes da crítica."[7]

Nesta biografia social de Samora Machel, procurámos manter essa postura crítica e evitar a tendência de romantizar um homem que tínhamos em elevada consideração. Não foi fácil; alguns concluirão que não fomos bem-sucedidos. Embora não nos desculpemos pela nossa postura, os leitores reconhecerão que as nossas interpretações deste período crítico da história de Moçambique são necessariamente diferentes das daqueles que criticaram a agenda revolucionária da FRELIMO, ou a ela se opuseram energicamente.

Ao escrever esta biografia, consultámos publicações académicas assim como um corpo significativo de material primário não publicado. O Centro de Documentação Samora Machel, em Maputo, alberga uma rica coleção de documentos de Samora e outros relacionados com a sua família. Embora de um modo geral os arquivos da polícia secreta (PIDE), que se encontram no Arquivo Nacional da Torre do Tombo em Lisboa, retratem Samora como um joguete marxista da China ou da União Soviética, contêm material volumoso sobre a liderança da FRELIMO e a sua estratégia. Não conseguimos reaver milhares de documentos dos tempos de guerra da FRELIMO que caíram borda fora no Oceano Índico, quando a FRELIMO transferiu o seu gabinete de Dar es Salaam para Maputo, nem a coleção muito substancial de documentos da luta armada depositada nos arquivos da FRELIMO, que ainda não estão abertos ao público e que teriam sustentado uma análise mais abrangente do papel de Samora.[8]

Este estudo conta ainda com mais de vinte entrevistas a figuras que mantiveram um relacionamento próximo com Samora, recolhidas por investigadores aprovados pela FRELIMO após a sua morte, e agora depositadas nos arquivos do Centro de Documentação. Também recorremos às nossas entrevistas com membros da família mais direta e vários conselheiros próximos. Para tentar evitar julgamentos parciais, dada a nossa proximidade com Samora, falámos com antigos guerrilheiros, camponeses, colonos portugueses, um cantor de rap e um padre português; este constitui material de referência que recolhemos em Moçambique ao longo do último meio século; e consultámos o recém-publicado *Conceiving Mozambique* ("Conceber Moçambique") de John Marcum, que contém relatos orais detalhados de antigos membros desencantados da FRELIMO que estudaram nos Estados Unidos. Pretendíamos complementar esta informação com entrevistas a destacados residentes da Beira que se opunham abertamente a Samora, mas dois dias antes do nosso voo, em Março de 2019, o Ciclone Idai devastou a cidade e os arredores, tornando essa missão impossível.

Os documentos orais e escritos consultados são textos sociais que muitas vezes contêm significados múltiplos ou contraditórios. A nostalgia, os limites da memória e a política do esquecimento complicam a sua construção. Lembramo-nos da célebre citação do antropólogo francês Marc Augé: "Diz-me o que esqueces e dir-te-ei quem és."[9] A interpretação destas complexidades informou a nossa análise dos textos, as diferentes perspetivas dos autores destes "textos sociais" e as suas versões dos acontecimentos.

Dois exemplos ilustram a dissonância da memória. Quando Samora e o pelotão que chefiava começaram a treinar na Argélia, houve intensas divergências entre os recrutas sobre se os brancos e os sul-asiáticos nascidos em Moçambique deveriam ser autorizados a participar. Uma vez, este debate precipitou o conflito entre Samora e um outro guerrilheiro que discordava veementemente da insistência de Samora de que não era necessário ser negro nem moçambicano para lutar com a FRELIMO. Raimundo Pachinuapa, aliado político de Samora, descreveu-o a subjugar fisicamente o seu rival. Jacob Jeremias Nyambir, que também estava presente, insistiu que um guerrilheiro mais velho, Lindoklindolo, interveio para impedir a briga. Eles não só contaram histórias diferentes, como discordaram sobre quando e onde ocorreu a altercação. Nyambir afirmou que isso aconteceu em Argel, pouco depois de os recrutas da FRELIMO terem chegado de Dar es Salaam; Pachinuapa recordava-se que a altercação tivera lugar um pouco mais tarde em Marniah, uma região remota perto da fronteira argelino-marroquina. O relato de Pachinuapa, recolhido após a morte do presidente, sublinhava a masculinidade e as proezas físicas de Samora — uma imagem que tanto Samora como a FRELIMO promoveram — e que, portanto, poderia ter sido afetada pela nostalgia. Nyambir partilhou connosco o seu relato em 2019. Embora demonstrasse algum apreço por Samora, não tinha motivos para embelezar a história — mas a sua memória, tantos anos depois, podia ter falhado.

O segundo exemplo é comum no Moçambique contemporâneo. Após anos de corrupção generalizada e de um rápido crescimento das desigualdades, muitos cidadãos olham retrospetivamente para o tempo em que Samora foi Presidente, quando a justiça social e económica eram os objetivos proclamados da revolução e a corrupção era severamente punida. Ao fazê-lo, muitas vezes romantizam a liderança de Samora, esquecendo as dificuldades da vida quotidiana.

Embora a maioria dos textos escritos sobre Samora se concentre nele como ator político e na sua personalidade pública, alargámos a nossa perspetiva, sempre que possível, de modo a incluir aspetos descurados da sua vida pessoal. Fazemo-lo não só para humanizar Samora, com todas as suas fraquezas, defeitos e paixões, mas também para desafiar construções da sua vida que separam o público do privado e o político do pessoal. Demasiadas vezes os biógrafos prestam pouca atenção à vida pessoal de líderes políticos do sexo masculino.[10] Os agentes históricos não podem, no entanto, ser plenamente compreendidos sem referência à vida pessoal.

Ao longo da sua vida, Samora teve dificuldade em equilibrar os seus compromissos pessoais e políticos. A sua correspondência com a sua primeira mulher, Josina, a quem carinhosamente tratava por Jozy, está repleta de angústia e de remorsos pelo facto de as responsabilidades militares o terem mantido afastado dela e do seu bebé, Samito, durante largos períodos de tempo. Ele mostrava-se particularmente preocupado com a saúde frágil de Josina — e com razão. A 7 de Abril de 1971, menos de dois anos após o seu casamento, ela morreu. Embora Samora estivesse devastado, regressou ao campo de batalha quase imediatamente após o funeral, deixando o filho sob os cuidados da sua "família" substituta, a FRELIMO.

Devido aos profundos laços pessoais que mantinham, e pelo reconhecimento dos seus sacrifícios, Samora também se mostrou relutante em afastar de altos cargos "velhos camaradas" que se tinham tornado ineficazes ou corruptos. Esta tendência complicou e contrariou a sua personalidade pública de líder que não tolerava a incompetência nem a corrupção.

Como investigadores, temos a responsabilidade de refletir, analisar e aceder a representações contemporâneas do passado e de levantar novas questões sobre o legado de Samora. Oxalá possamos continuar a juntar-nos a outros estudiosos no aprofundamento das questões aqui levantadas. Samora Machel, e os muitos homens e mulheres que menos visíveis morreram em lutas pela liberdade, deixaram uma marca indelével no continente. As suas histórias, contadas sob várias perspetivas, não devem ser perdidas para a posteridade.

Os pais de Samora. Moisés Mandane Machel e Guguiye Thema Machel
Cortesia do Centro de Documentação Samora Machel (CDSM).

1. VIVER NO COLONIALISMO

A Criação de um Insubmisso

Samora Moisés Machel nasceu a 29 de Setembro de 1933, na aldeia de Chilembene, Província de Gaza, no sul de Moçambique. Filho de Mandande Moisés Machel e de Guguiye Thema Dzimba, veio ao mundo como um súbdito colonial, sujeito a um grande número de restrições legais e sociais. Na geografia racial de Moçambique, havia escolas que não podia frequentar, hospitais onde não podia ser admitido, lugares onde não podia viver e ocupações que não podia exercer. Com efeito, forças fora do seu controlo regularam grande parte da primeira fase da sua vida. O racismo, a exploração económica e possibilidades limitadas contribuíram para moldar os primeiros anos de Samora e dos companheiros com a mesma de idade. A maioria dos africanos sofreu silenciosamente, tentando lidar com um mundo duro, no qual a sobrevivência era um desafio. Um punhado de pessoas, como Samora, desafiou então a ordem colonial. A rebeldia juvenil rendeu-lhe a reputação de rebelde. Enquanto amadurecia, começou a sonhar com um mundo completamente diferente, encontrando formas de exprimir a sua oposição às políticas coloniais e ao próprio colonialismo.

Sul de Moçambique: O Contexto Colonial

Embora Portugal tenha estabelecido uma presença nominal ao longo da costa de Moçambique no final do século XV, Lisboa só conseguiu impor um aparente controlo sobre o interior sul em 1895, altura em que o seu exército derrotou o chefe de Gaza, Ngungunyane. O avô de Samora, Malengani, era um conhecido guerreiro que foi gravemente ferido quando combatia ao lado de Ngungunyane. Os relatos do heroísmo e do corpo de Malengani marcado por cicatrizes contraídas em batalhas circulavam pelo sul de Moçambique e os relatos pessoais transmitidos a Samora deixaram-no orgulhoso do passado anti-colonial da sua família, tornando-se parte da sua educação política.

Nos primórdios do século XX, o exército colonial, constituído em grande parte por recrutas africanos, foi capaz, com o seu superior poderio militar, de vencer as entidades políticas africanas resistentes, permitindo a Lisboa impor em grande parte do território um regime autoritário altamente estruturado. Abaixo do governador-geral da colónia encontravam-se os governadores provinciais ou distritais (normalmente oficiais militares), os administradores distritais e os seus representantes locais, os chefes de posto. Cada distrito estava dividido em zonas para europeus, usufruindo de um governo autónomo limitado, e em zonas para não europeus, onde os residentes gozavam de poucos direitos humanos básicos. Com pouca instrução e pouca formação, os administradores coloniais governavam muitas vezes como tiranos mesquinhos com poder absoluto para acusar, prender, julgar e punir os seus súbditos.

O regime colonial dependia igualmente dos subordinados africanos. Os chefes locais (régulos), isentos do pagamento de impostos e do trabalho forçado (*chibalo*), tornaram-se funcionários do Estado com poderes para aplicar as políticas coloniais, resolver pequenas contendas e manter a ordem pública. A polícia africana (sipaios), normalmente recrutada das fileiras de soldados coloniais e das famílias de chefes leais, estava presente em todos os postos administrativos, onde cobrava impostos, recrutava mão-de-obra, transmitia as ordens do administrador e intimidava a população local. Sistemas jurídicos distintos governavam os europeus "civilizados" e os africanos "não civilizados" (indígenas), cujas vidas eram profundamente moldadas por códigos laborais e fiscais severos e pela personalidade e pelas práticas caraterísticas do administrador local.

Um número ínfimo de africanos instruídos que adoptaram uma cultura portuguesa de fachada recebeu do estado o estatuto de assimilado. Eram poucos homens e ainda menos mulheres de origem africana que tinham emprego remunerado, que eram cristãos e falavam e escreviam português, e que já não praticavam os "costumes nativos". Todavia, sob o regime autoritário de Salazar (1932-68), os direitos de cidadania significavam muito pouco, mesmo para os brancos. Como salienta Raul Honwana, os assimilados foram isentos do sistema de trabalho forçado e foi-lhes oferecida "uma forma de procurar uma vida menos degradante para os nossos filhos", mas pouco mais.[1] Em 1950, os 4.380 assimilados representavam menos de um décimo de um por cento dos 5,65 milhões de africanos estimados.[2] Embora a comunidade assimilada se tenha expandido com as reformas coloniais por volta de 1960, os seus números continuavam a ser extremamente reduzidos.

Porque a sua economia estava subdesenvolvida e efetivamente falida, faltava a Portugal o capital para tornar Moçambique economicamente rentável.[3] O único recurso rapidamente disponível para a exploração era a população africana da colónia. Lisboa transformou-a em mercadoria através da aplicação do Código do Trabalho Nativo, que sujeitou todos os homens africanos desempregados ao trabalho forçado.[4] Sempre que o estado necessitasse de trabalhadores para a construção de estradas, a colocação de vias férreas, a instalação de linhas telegráficas ou a abertura de valas de irrigação, os administradores locais reuniam os camponeses. Por vezes, os administradores forneciam trabalhadores do *chibalo* a empresas privadas portuguesas. A compensação mínima recebida pelos trabalhadores raramente era suficiente para pagar os impostos locais, e a sua retirada do trabalho doméstico levou à escassez de alimentos e a outros sofrimentos. Embora as mulheres estivessem legalmente isentas do *chibalo*, muitas eram não só obrigadas a trabalhar, mas também a submeter-se sexualmente aos fiscais portugueses e africanos.[5]

Lisboa também tornou a colónia rentável ao recrutar trabalhadores africanos para as minas de ouro sul-africanas, carentes de mão-de-obra, e, em muito menor escala, para os agricultores e industriais brancos da vizinha Rodésia do Sul. A partir de 1897, a *Rand National Labour Association* (Associação Nacional do Trabalho de Rand), posteriormente rebaptizada *Witwatersrand National Labour Association* (Associação Nacional do Trabalho de Witwatersrand), passou a pagar ao governo uma taxa por cada trabalhador moçambicano. Estabeleceu também um sistema de pagamento diferido ao abrigo do qual os trabalhadores recebiam metade do seu salário quando regressavam a casa e Lisboa recebia um montante equivalente em ouro.[6] Em 1910, cerca de oitenta mil moçambicanos — representando de 30 a 50 por cento da população masculina fisicamente apta em alguns distritos do sul de Moçambique — estava a trabalhar nas minas de ouro.[7]

O pai de Samora, Mandande, e outro tio, Toquisso Gabriel Machel, à semelhança da grande maioria dos moçambicanos que trabalhavam nas minas de ouro da África do Sul, vieram da província de Gaza.[8] Para ganhar dinheiro para os seus impostos, charruas e outros produtos, Mandande passou a maior parte dos anos entre 1912 e 1926 separado da família.

Em 1926, um golpe militar derrubou o governo de Lisboa. Quatro anos mais tarde, António de Oliveira Salazar chegou ao poder, governando Portugal e as suas colónias durante mais de quarenta anos.[9] A estratégia colonial de Salazar assentava em duas premissas fundamentais — que as colónias deviam continuar a ser uma parte permanente de Portugal de forma a reforçar a sua posição internacional e a sua economia, e que o papel do colonizador era o de "civilizar" os africanos. Como forma de impulsionar a economia metropolitana, Moçambique devia "produzir a matéria-prima e vendê-la à Mãe Pátria em troca de bens manufaturados", o que exigia necessariamente a exploração contínua de mão-de-obra africana barata.[10] A missão civilizadora do regime de Salazar não passou de retórica: em 1941, conferiu à Igreja Católica responsabilidade pela educação dos africanos até à terceira classe, o que era manifestamente insuficiente para que passassem de "uma vida selvagem para uma vida civilizada."[11] As únicas exceções eram as poucas crianças assimiladas autorizadas a frequentar as escolas dos europeus.

O tratamento médico era também fundamentalmente dirigido à comunidade de colonos nos centros urbanos; nas zonas rurais, as infraestruturas sanitárias e os médicos eram raros, e o estado não apoiava os serviços de saúde. A alimentação inadequada e a inexistência de infra-estruturas médicas e de sistemas de saneamento tornaram os africanos muito suscetíveis a infecções e doenças parasitárias, designadamente a cólera e a varíola, e a doenças causadas pela desnutrição, como é o caso do *kwashiorkor* (ou desnutrição intermediária)

A Vida sob o Jugo Colonial

Foi neste mundo hostil, pleno de incertezas e muitas vezes violento, que Samora nasceu. O seu primeiro nome veio de um tio materno, Samora Mukhavele, que lutou no exército português durante a Primeira Guerra Mundial contra as forças alemãs no norte de Moçambique. Quando regressou a casa trouxe histórias de insurreições longínquas. Samora também se regozijava com as façanhas do seu avô Malengani, e escutava atentamente o pai, a mãe e especialmente a sua tia Malungwanya Machel — recordada como uma "biblioteca viva" — a descreverem ao pormenor as façanhas de familiares de nove gerações.[12] Os mais velhos também se lembram que, em criança, Samora costumava descansar debaixo de uma árvore frondosa, que era um símbolo da resistência de Gaza, recordando o passado.[13] A história foi, seguramente, uma das suas primeiras paixões.

Cantar era outra. Samora foi criado numa cultura em que a música fazia parte integrante da vida quotidiana. As pessoas cantavam quando estavam felizes e quando estavam tristes. Cantavam por ocasião de nascimentos e de falecimentos e noutros momentos críticos do ciclo de vida. Cantavam enquanto trabalhavam nos campos agrícolas e pastoreavam o gado. Samora não era exceção.

Graças ao trabalho e ao sacrifício dos pais, Samora nasceu numa família relativamente próspera. A partir de 1912, o pai, à semelhança de milhares de outros jovens moçambicanos, evitava o *chibalo* caminhando longas distâncias até às minas da África do Sul. Neste trabalho difícil, muitos moçambicanos foram vítimas de deslizamentos de pedras, acidentes industriais e doenças contagiosas, e muitos outros morreram - condições que prejudicaram a família Machel de muitas maneiras. Quando o irmão mais velho de Samora morreu nas minas, a empresa mineira enviou quarenta libras como indemnização. Outros familiares regressaram a casa sem os seus membros, cegos ou gravemente doentes devido à tuberculose ou à pleurisia — raramente recebendo sequer uma indemnização, mesmo que simbólica.[14] Não obstante, os homens continuavam a regressar à África do Sul, e por essa razão, algumas famílias rurais, incluindo a de Samora, cujo pai trabalhou por lá durante nove períodos de dezoito meses, tornaram-se relativamente prósperas.[15]

Samora nunca esqueceu o sofrimento de todas aquelas pessoas. Meio século depois, falou a Allen e a António Alves Gomes, enquanto caminhavam pelas areias brancas da praia de Wimbe, em Pemba, da dor e raiva que sentia então por estar a ser criticado pela negociação do Acordo de Nkomati com o regime do *apartheid*. “Passei a minha vida a lutar contra o *apartheid* e não há um dia que não me lembre do sofrimento causado [pelos sul-africanos] à minha família e ao povo da região."

A mãe de Samora e milhares de outras mulheres ficaram para trás, não só para realizar o trabalho doméstico necessário para sustentar a família, mas também para cortar árvores e limpar arbustos, para depois cultivar as *machambas* de milho e mapira e as pequenas hortas onde passavam longas horas a trabalhar. Algumas destas tarefas mais extenuantes eram desempenhadas por mulheres mesmo antes do colonialismo, porque os homens estavam frequentemente ausentes por períodos de tempo prolongados, caçando ou visitando familiares. Após a abertura das minas, Guguiye teve de aprender a lavrar a terra com os animais de tração comprados com o salário do marido, apesar dos tabus locais que impediam as mulheres de realizar essas tarefas.

Em 1926, Mandande e a sua família já não viviam do salário das minas. Tinham-se tornado agricultores de sucesso, utilizando as suas quatro charruas e a tração animal para cultivar mais de sessenta hectares de terra nos ricos solos aluviais adjacentes ao rio Limpopo, e vendendo os excedentes agrícolas nos mercados locais e regionais. Aos dez anos, Samora já trabalhava nas *machambas* familiares de algodão e aprendia a utilizar uma charrua. Volvidos quarenta anos, o pai de Samora disse orgulhosamente a Allen que Samora "trabalhava muito e tinha muito respeito."[16]

No entanto, a prosperidade relativa da família era precária. Os agricultores africanos foram forçados a vender os seus produtos a preços artificialmente depreciados, fixados pelos administradores coloniais para privilegiar os produtores europeus. Numa entrevista concedida em 1974, Samora queixou-se de que "produzíamos e vendíamos um quilo de feijão a três escudos e cinquenta centavos, enquanto os agricultores europeus produziam e vendiam a cinco escudos o quilo."[17] Os comerciantes europeus revendiam então o feijão aos africanos por quase o dobro do preço de compra.

Apesar de não controlarem os mercados, Mandande e outros agricultores trabalhavam arduamente e conseguiam poupar uma parte dos rendimentos, que reinvestiam em gado e em alfaias agrícolas. Um pequeno grupo de agricultores prósperos que, à semelhança do pai de Samora, tinha estudado em missões protestantes, obteve mesmo o estatuto de assimilado. Embora a sua família beneficiasse desta condição relativamente privilegiada, Samora nunca perdeu de vista o sofrimento dos que o rodeavam, mostrando-se muito crítico em relação aos que interiorizavam o mito civilizador colonial e tentavam imitar os portugueses.

Samora foi criado num lar austero, mas afetuoso. Os seus pais, profundamente religiosos — eram protestantes — deram-lhe o nome do meio, Moisés, para honrar o pai e a figura bíblica que conduziu o seu povo para fora do cativeiro. Meio século depois, na altura da morte do seu pai, Samora descreveu-o como um "soldado, pastor de gado bem-sucedido, agricultor inovador e um gigante moral que lutou contra o paganismo, contra a feitiçaria e o álcool. Mas acima de tudo, ele era como uma árvore gigante cuja determinação contra o colonialismo nunca esmoreceu."[18] Embora não haja provas de que Mandande tenha estado envolvido nas primeiras atividades nacionalistas, tal como aconteceu com grande parte dos da sua geração, ele incutiu em Samora um sentimento de orgulho no seu passado africano e encorajou o filho a pensar criticamente sobre o regime português.

Segundo os amigos da família, a mãe de Samora era uma mulher poderosa por mérito próprio, da qual herdou a autoconfiança, a atitude desafiadora e um grande orgulho na herança africana.[19] Ela dedicava-se a organizar e manter a Missão de Compone, uma igreja Metodista Livre. Quando, em 1937, padres Católicos Romanos, com a ajuda das autoridades coloniais, pressionaram os membros da sua comunidade a converterem-se ao catolicismo, ela mobilizou membros da igreja para se oporem a essa medida.[20] Sob o seu olhar atento, Samora ia semanalmente à igreja e ouvia os pastores pregar as virtudes do trabalho árduo, da disciplina, da educação e da justiça. Ele continuou a defender estes valores ao longo da sua vida.

Sabemos muito pouco sobre a primeira infância de Samora. Como a maioria dos rapazes em idade pré-adolescente, passou grande parte do seu tempo a pastorear. Enquanto o gado pastava, ele e os seus companheiros praticavam boxe com varas (*mugayiso*), luta livre e combate com os punhos. Para evitar golpes violentos na cabeça, os pugilistas deviam ser ágeis e rápidos. Desta prática, Samora desenvolveu uma paixão pelas artes marciais e pelo boxe.[21] Os seus filhos recordaram como se orgulhava de ser um campeão de combate com varas, e de como esta habilidade o ajudara a pensar estrategicamente em combate.[22]

Os que conheceram Samora na sua juventude recordam-no de formas diferentes, mas todos concordaram que era uma pessoa com forte personalidade. O seu colega de turma e amigo de sempre, Aurélio Manave, descreveu-o como "competitivo e propenso a discutir se as coisas não estivessem a tomar o rumo certo."[23] O seu primo Paulo lembrou-se da sua bravura, cedo manifesta, ao descrever como Samora, alertado por outro pastor, saltou impulsivamente com um pau para o rio para afugentar um crocodilo que arrastara um vitelo. Quando a besta assustada libertou a vítima, Samora puxou-a para fora da água pela cauda e tratou as suas feridas. Embora esta história possa parecer questionável, ainda é largamente contada na região.[24]

Com o tempo, Samora enfrentou o implacável mundo colonial cada vez mais fora da ombreira da porta de casa. A atribuição da educação da grande maioria de as crianças africanas à Igreja Católica significava que Samora teria de frequentar a escola católica de Uamexinga, localizada a uma distância de oito quilómetros. Tratava-se de uma estrutura de cimento sem janelas, dividida em salas de aula, onde os alunos passavam as manhãs a receber formação rudimentar, com ênfase na educação religiosa e no trabalho físico, e as tardes a cultivar produtos comerciais e alimentos para a igreja. Considerados seres inferiores, os alunos africanos eram frequentemente reprovados pelos professores. O colega de Samora, Aurélio Manave, lembrou-se que "em média, os alunos negros tinham de frequentar seis anos de ensino primário para completar um curso de três anos."[25]

Samora levou dois anos a concluir a primeira classe e depois foi expulso — possivelmente devido à sua insubmissão. Foi durante esse período que os colegas começaram a chamar-lhe "o rebelde". Outros sugeriram que a expulsão se deveu à sua filiação protestante. Qualquer que fosse o caso, regressou ao seio familiar e pastoreou gado durante dois anos, antes de o pai insistir para que regressasse à escola. Apesar dos numerosos conflitos com o professor, Samora concluiu a terceira classe em 1948, aos 14 anos de idade.

Quando se matriculou na quarta classe, era já um leitor voraz com paixão por aprender. Estava a preparar-se para o exame da quarta classe quando responsáveis da igreja o informaram que só o poderia fazer caso se convertesse ao catolicismo:

> *Quando faltavam apenas 15 dias para o exame da 4ª classe, disseram-me: ou és baptizado ou sais da missão. Foi o Padre Romano que o disse. As Irmãs de Caridade vieram falar comigo e disseram-me: ou és batizado, ou sais da missão.. Foi chantagem. Eu aceitei e fui baptizado e crismado. Deram-me muitos presentes. Sacos com fotos de São Francisco Xavier, etc. Ficaram contentes porque tinham ganho, tinham convertido um protestante. Isso aconteceu em 1950.*[26]

Samora foi dos poucos a passar no exame. Dois anos antes, apenas dois alunos africanos, dos mais de sete mil da região, o tinham conseguido.[27] Nessa altura, Samora sonhava em tornar-se médico, um desejo considerado bizarro pelos padres e os funcionários portugueses locais, que sugeriram, em vez disso, que ingressasse num seminário.

Adolescente, Samora desafiou as hierarquias sociais prevalecentes e perturbou as categorias étnicas e raciais ao iniciar uma relação romântica séria com uma jovem mestiça de uma família de comerciantes rica. Quando informou os seus pais da intenção de se casar com ela, estes opuseram-se veementemente — não por causa da questão racial, mas porque tinham sonhos maiores para Samora, e temiam que o pai dela, o dono de várias cantinas, obrigasse Samora a trabalhar numa delas, ou que fosse mesmo o seu motorista.[28]

Frustrado, Samora deixou Gaza em 1951 e rumou para a capital, Lourenço Marques. Por falta de documentos de viagem adequados, a polícia deteve-o e mandou-o de volta, trabalhando por um breve período de tempo em Xai-Xai, como ajudante. No ano seguinte, depois de obter os documentos necessários, regressou a Lourenço Marques, onde entrou para o programa de ensino de enfermagem no Hospital Miguel Bombarda. A enfermagem era um dos poucos trabalhos relativamente bem remunerados acessíveis aos africanos.

Embora vivesse agora numa zona urbana, Samora nunca esqueceu o sofrimento e a exploração dos moçambicanos rurais que testemunhara com regularidade. Neste sistema de exploração destacavam-se três dimensões. Primeiro, no fim da década de 1930, o estado impôs um regime de cultivo forçado de algodão no sul de Moçambique. Mulheres e crianças foram obrigadas a passar a maior parte dos seus dias, de Setembro a Maio, a podar árvores, a limpar as *machambas*, a plantar, a mondar, a colher e a levar o algodão para o mercado. Por um ano de trabalho, muitas famílias recebiam menos de cinco dólares, uma verba insuficiente para comprar os cereais que não tinham tempo de cultivar. As que tentavam esgueirar--se para as suas hortas eram espancadas e por vezes abusadas sexualmente por polícias africanos e supervisores europeus.[29]

As provações associadas ao regime do algodão deixaram uma marca indelével em Samora. Décadas mais tarde, Herb Shore, um activista anti-*apartheid*, perguntou a Samora o que o levara a aderir à FRELIMO. Samora sorriu e respondeu: "Talvez esperem que eu diga que li Lenine e todos os outros livros, mas na realidade não foi assim. Quando era criança, eu andava com o meu pai. Ele foi obrigado a cultivar algodão, aprendi com a forma como ele era enganado quando trazia a sua colheita para vender. Fui levado para a FRELIMO pela minha própria vida."[30]

Em segundo lugar, o regime de Salazar exigiu aos africanos que viviam nas terras adjacentes ao rio Limpopo o cultivo de um a dois hectares de arroz para exportação. Muitos dos amigos e vizinhos de Samora foram forçados a cultivar, e a construir e cuidar da manutenção dos canais e sistemas de irrigação que sustentavam a produção do arroz nas explorações agrícolas europeias. Tal como no regime do algodão, o sistema de recrutamento tornou extremamente difícil às famílias a produção de alimentos suficientes para suprir as necessidades do agregado familiar.[31]

Em terceiro lugar, quando o estado colonial recrutou, no início dos anos de 1950, centenas de agricultores em Portugal para trabalharem no Vale do Limpopo, houve uma massiva deslocação de agricultores africanos. Ao abrigo do sistema de colonatos, a administração colonial expropriou 60 mil hectares de terras férteis, transferindo-as para colonos que utilizavam a mão-de-obra africana recrutada para trabalhar nas zonas pantanosas. No espaço de uma década, praticamente todo o vale do baixo Limpopo foi entregue aos colonatos. Os resultados desta mudança foram consideráveis e desastrosos.

Segundo Samora, "Todos aqueles que foram agricultores, hoje as suas charruas e tractores são inúteis. Todos aqueles que tinham boas casas construídas em alvenaria foram expulsos para dar lugar aos colonos e forçados a viver num único compartimento. As nossas terras foram expropriadas e atribuídas aos colonos... Os africanos foram colocados em terras áridas que não produzem nada, e as regiões entregues aos colonos são irrigadas pelo rio Limpopo..."[32]

A radicalização inicial de Samora foi moldada não só pelo sofrimento causado por esta exploração, mas também por outros abusos infligidos pelo regime colonial, pelos colonos brancos, pelos empregados de companhias algodoeiras, pelos comerciantes rurais e pelos professores missionários. Aurélio Manave, que conheceu Samora pouco depois deste chegar a Lourenço Marques, lembrou-se do seu sentimento de indignação. "[Samora] reclamava muito. Sempre se queixava muito. Queixava-se de problemas reais e de injustiças."[33] No entanto, Samora não se contentou apenas em apontar em privado as falhas do sistema colonial. Ele era um crítico aberto do colonialismo, e apesar de ter sido forçado a alistar-se no exército colonial em 1958, jurou que nunca iria servi-lo.[34]

A crítica de Samora ao colonialismo começou muito antes de chegar à capital. Foi crescendo nas muitas horas em que permaneceu sentado perto de uma árvore sagrada em Chilembene, onde o famoso líder rebelde Maguiguane, com quem muito se identificava, organizou a insurgência de 1897. Samora transportou para Lourenço Marques o espírito de rebeldia da mãe, o orgulho do pai pelo passado africano e a sua própria compreensão da opressão. Na capital iria reunir-se com enfermeiros, militantes, trabalhadores portuários grevistas e estudantes radicais, todos eles a lutar pelo fim da opressão colonial. Foi também aí que conheceu Eduardo Mondlane, o nacionalista moçambicano que viria a fundar a FRELIMO. É sobre esta história que nos debruçamos a seguir.

Samora exercitando-se. (CDSM).

2. A EDUCAÇÃO POLÍTICA INICIAL DE SAMORA MACHEL

A Criação de um Lutador pela Liberdade, ca. 1950–63

A educação política de Samora seguiu um percurso nitidamente diferente do de Kwame Nkrumah, Julius Nyerere, Amílcar Cabral e dos seus compatriotas Eduardo Mondlane e Marcelino dos Santos. Ao contrário destes destacados líderes nacionalistas, que estudaram em universidades no estrangeiro e viveram em grandes centros cosmopolitas, Samora recebeu apenas uma educação formal limitada e passou grande parte dos seus anos de formação na zona rural de Gaza.

Embora a sua radicalização tenha começado no campo, foi na capital que conheceu todo o peso do colonialismo e foi exposto a um pensamento anti-imperialista mais amplo. Como estudante de enfermagem, encontrou condições deploráveis nas enfermarias dirigidas para os africanos e observou como os não brancos eram maltratados. Tanto no ambiente geral da cidade como no seu local de trabalho, sofreu inúmeras ofensas raciais e tornou-se profundamente consciente do poder da polícia secreta e dos seus informadores, que pareciam estar por todo o lado. Ao mesmo tempo, conheceu jovens africanos, homens e mulheres, que também ansiavam pela liberdade, e um pequeno número de portugueses solidários, de mestiços e de moçambicanos de ascendência goesa que organizavam uma oposição clandestina ao regime de Salazar. Através destes encontros, tomou consciência das lutas anticoloniais e anti-imperialistas travadas em África e em muitos outros países do Terceiro Mundo. Posteriormente, em 1962, conheceu Eduardo Mondlane, o primeiro presidente da FRELIMO e uma fonte de inspiração ao longo da vida de Samora.[1]

A Carreira de Enfermeiro de Samora

A enfermagem foi das poucas profissões a que os africanos, sobretudo homens, podiam ter acesso e que pagava razoavelmente bem — tornando a admissão aos seus programas de formação muito concorrida.[2] Esta situação verificava-se especialmente no Hospital Miguel Bombarda, o maior centro de saúde da colónia. Os candidatos africanos eram maioritariamente filhos de camponeses. Todos se tinham distinguido na escola, mas ao contrário de Samora, alguns — como António Mondlane e Aurélio Manave — foram incentivados por missionários e por alguns portugueses a seguir carreira na medicina. António recordou que em virtude das poucas possibilidades de obter emprego no Chibuto, falou cautelosamente a um médico local sobre a ideia de se tornar enfermeiro. Para sua surpresa, o médico "não só não se opôs, como achou que era uma boa ideia e incentivou-me a candidatar-me."[3] Aurélio também beneficiou do apoio de João Filipe, um engenheiro que lhe permitiu trabalhar a meio tempo para preparar a papelada exigida pelo Serviço de Saúde.[4] Estes dois homens tornaram-se colegas e amigos próximos de Samora no hospital.

O hospital era uma instituição altamente racializada e regimentada. Os estudantes africanos do sexo masculino e os mestiços mais pobres ficavam alojados num dormitório segregado e superlotado, adjacente às enfermarias de psiquiatria. Os gritos inquietantes que se ouviam nesta ala perturbavam muitas vezes o trabalho dos estudantes à noite. O dormitório era dividido em quartos; em cada um viviam dezenas de estudantes que dormiam em camas estreitas, dispostas em filas apertadas. Este compartimento, sem ventilação adequada, era quente no Verão, frio no Inverno e carecia de condições sanitárias. Os estudantes do sexo feminino residiam do outro lado do hospital. As estagiárias europeias e mestiças mais prósperas viviam com as suas famílias em residências situadas nas proximidades.[5] Embora todos os estudantes passassem mais de sessenta horas por semana em aulas e a assistir os médicos e os enfermeiros, havia um programa para os mais privilegiados e outro para os *pretos*.[6]

Samora depressa ganhou a reputação de agitador, por se recusar a ser subserviente na sala de aula. Segundo um colega, "reclamava muito e queria ser respeitado e não se deixava desprezar pelos assistentes e professores europeus."[7] João Ferreira, um fornecedor de medicamentos português que frequentava o hospital, partilhou esta recordação: "Samora era uma pessoa com uma personalidade forte. Creio que nasceu sem qualquer sentimento de inferioridade racial ou medo. Samora olhava para as pessoas como iguais e tratava-as como tal. Em questões raciais, qualquer pessoa que pensasse que era racialmente superior a Samora, tinha um despertar desagradável. Samora confrontava qualquer um que fosse desrespeitoso ou que o tratasse sem dignidade."[8]

Samora não era menos desafiador quando respondia à indiferença gritante de muitos enfermeiros e médicos portugueses que ignoravam ou maltratavam os seus pacientes — o que lhe valeu a ira de alguns professores. "Houve várias ocasiões depois de ele ter criticado os médicos", relatou Aurélio Manave, "em que lhe quiseram bater com uma chapa de radiografias, mas ele travou-os". Ele não hesitava um segundo. Este comportamento fez com que algumas pessoas o temessem."[9] Anos mais tarde, Samora refletiu sobre esta falta de interesses dos europeus para com as vidas dos africanos.

> *No hospital havia várias categorias ou classes que reflectiam a estrutura social e racial do capitalismo colonial, desde os colonos brancos aos "negros assimilados" e até aos "nativos". Aqui registava-se uma total falta de preocupação com o doente pobre, que se manifestava na forma como o médico ou o enfermeiro o*

> *encaravam, na falta de higiene nas enfermarias e na indisciplina entre os trabalhadores. O nosso povo era tratado no hospital como cobaias para novos medicamentos e certas operações que se fossem bem-sucedidas, poderiam mais tarde ser aplicadas à burguesia nas clínicas e consultas privadas.*[10]

Previsivelmente, o comportamento de Samora enfureceu muitos professores e enfermeiros que o avaliaram. Achando-o "teimoso e desrespeitoso", puniram-no e ordenaram, apesar do seu percurso escolar, que repetisse o segundo ano — durante o qual se graduou entre os melhores da sua turma.[11]

Organizado de forma hierárquica e racista, o programa de enfermagem estava repleto de contradições. Os estudantes africanos e europeus estudavam juntos, trabalhavam em situações de grande proximidade, realizavam tarefas semelhantes e, por vezes, conviviam fora do hospital. Como recordou Manave, "desenvolvemos relações muito boas . . . mesmo que [os estudantes brancos] nunca tenham ficado alojados nos dormitórios."[12]

Para Samora e para os seus colegas, os dormitórios segregados eram um espaço livre, longe do olhar dos supervisores europeus e dos funcionários do estado, embora estivessem sempre preocupados com a infiltração de informadores da PIDE. Num tom de voz sussurrado, estudantes de diferentes partes da colónia partilhavam histórias de opressão e humilhação. Analisavam os relatos dos jornais da África do Sul sobre os líderes africanos e asiáticos que agitavam as águas da independência, e alguns estudantes mais corajosos partilhavam panfletos políticos de revolucionários como Frantz Fanon ou Mao Tse Tung. Liam então acerca das campanhas de guerrilha da Frente de Libertação Nacional na Argélia, das lutas de Gamal Nasser contra os britânicos durante a Crise do Suez de 1956, e da campanha militar de

Ho Chi Minh para pôr fim ao domínio francês no Vietname. Nas suas camas, à noite, Samora e os seus colegas ouviam a Voz da América e a Rádio Moscovo. Estavam particularmente entusiasmados com a independência iminente do Gana, sob a liderança de Kwame Nkrumah, e com a perspetiva crescente da libertação nos territórios vizinhos da Tanzânia e da Zâmbia.

Samora era muitas vezes o centro destas conversas. Os seus colegas recordam tanto a sua militância como a sua insistência de que "só vivemos uma vez, e não podemos continuar a aceitar as coisas como elas são."[13] De vez em quando, estas discussões prolongavam-se sussurradamente pelos cantos da cantina e nas escadas, longe do olhar dos informadores da PIDE.

A paixão de Samora pelo boxe quase equivalia ao seu entusiasmo pela política. Na juventude praticara boxe com varas, luta livre e outras artes marciais; com pouco tempo no hospital para desenvolver essas atividades, começava cada dia com uma ronda rigorosa de exercícios, intercalados por longas sessões de salto à corda. Samora orgulhava-se da sua constituição física e da disciplina necessária para a manter. Ao contrário de Nelson Mandela, Samora nunca lutou no ringue — embora os seus contemporâneos recordassem uma luta com um colega para determinar quem seria o chefe do dormitório de enfermagem.[14] E, no entanto, era um fanático do boxe profissional, que lia religiosamente os artigos da revista *O Cruzeiro*, e que, na parede acima da sua cama, tinha fotos de famosos pugilistas negros — Joe Louis, Ezzard Charles, Archie Moore e Jersey Joe Walcott — cujos feitos lendários enumerava a alguém disposto a ouvir. Enquanto a maioria dos seus colegas preferia o futebol, Samora assistia regularmente a combates ou acompanhava lutas internacionais, geralmente envolvendo pugilistas sul-africanos. A sua obsessão pelo boxe valeu-lhe a alcunha de "Manassa

Mauler" em homenagem ao seu herói, o lutador branco Jack Dempsey.

Sem obrigações aos domingos, Samora divertia-se na maioria dos sábados à noite pelos salões de dança africanos, com as colegas do curso de enfermagem ou com raparigas das escolas secundárias locais. Gostava especialmente da Orquestra Djambo, considerado o melhor grupo africano de Lourenço Marques. Um janota com um sorriso contagiante, Samora tinha fama de mulherengo. Graça Simbine, que anos mais tarde viria a sua esposa, recordou-o como "uma pessoa que se orgulhava da sua aparência, sempre muito bem vestido, sempre bem arranjado e . . . ansioso por impressionar."[15]

Após terminar a sua formação, Samora foi colocado num pequeno hospital na Inhaca, uma ilha situada do outro lado da baía de Lourenço Marques, onde trabalhou de 1956 a 1959.[16] Melhorou rapidamente os seus conhecimentos da língua ronga, o idioma local muito semelhante ao changane, a sua língua materna, para comunicar mais eficazmente com os pacientes, em especial os pescadores e as suas famílias. Estes sofriam fundamentalmente com surtos de malária, cólera e disenteria, provocados pela poluição da água e pela falta de saneamento adequado, mas também com a tuberculose e a poliomielite, trazidas pelos homens das minas sul-africanas. Segundo o seu vizinho, David Chiankomo, Samora era muito popular porque fazia visitas domiciliárias fora do horário de atendimento. Evitou escrupulosamente discutir assuntos políticos sensíveis e procurou manter-se afastado do administrador português local. "Quando estava connosco," recordou Chiankomo, "só falava da pesca, de como estava a decorrer a construção das nossas casas, mas nunca de política."[17]

Neste período, Samora iniciou uma relação séria com Sorita Chiankomo, com quem teve dois filhos — Jucelina e Edelson.[18] Apesar de nunca se terem casado, ele levou a família para Lourenço Marques em 1959, ano em que voltou a frequentar o ensino secundário à noite, enquanto trabalhava como enfermeiro no Hospital Miguel Bombarda durante o dia.

O racismo no hospital ainda era flagrante. Como Samora relatou, "descobrimos o tratamento muito diferente [dos enfermeiros europeus e africanos], as atitudes diferentes para com eles e para connosco. E depois, é claro, descobrimos os diferentes níveis salariais."[19] Para este estudante noturno que não dispunha de meios, pagar as propinas era difícil, especialmente depois do nascimento dos dois filhos seguintes, Olívia e Ntewane.[20] Não obstante, Samora economizou o suficiente para alugar uma pequena casa de madeira e zinco no bairro suburbano da Mafalala, onde também tratava pacientes.[21] Comparativamente com a maioria dos seus vizinhos, que vivia em casas de caniço, a sua família era relativamente privilegiada.

Em 1961, Samora foi transferido para um programa de ensino noturno dirigido pelos metodistas, que tinham a reputação de simpatizarem mais com os africanos do que os seus compatriotas católicos. Após concluir o programa, candidatou-se a um curso avançado de enfermagem, que anteriormente excluía os negros. Embora se tenha distinguido no exame escrito, reprovou no exame prático e na prova oral, apesar de pesquisar o importante problema da malária no maior hospital do país.[22] É provável que a sua reputação de agitador o tenha impedido de ultrapassar a barreira racial.

As longas horas que passou a trabalhar, a estudar e envolvido na cada vez mais intensa atividade política, não diminuíram a sua paixão pela leitura, pelo boxe e pela música. Esforçou-se também para melhorar o seu português, estudando literatura clássica lusófona com Adalberto de Azevedo, um respeitado professor.[23] Entretanto, continuou a celebrar os grandes pugilistas mundiais e a ouvir *rock and roll*, *jazz* e a *marrabenta* local. Enquanto vivia com Sorita e os seus filhos, Samora envolveu-se romanticamente com Irene Buque, uma jovem enfermeira que trabalhava no hospital e partilhava os seus sentimentos anti-coloniais.[24] Cedo tiveram uma filha - Ornila. Apesar de ser um pensador político crítico, Samora não só não pôs em causa as normas patriarcais dominantes, como se aproveitou ativamente delas de forma egoísta, como o fizeram muitos outros revolucionários do seu tempo.

Panorama Político em Mudança em Moçambique

No início dos anos de 1960, três acontecimentos interligados transformaram dramaticamente o panorama político de Moçambique e de África mais genericamente. Em primeiro lugar, os ventos da mudança sopravam por todo o continente. O Gana, a Guiné, a Argélia, o Congo e o Quénia conquistaram a independência, a mudança estava iminente no Malawi e na Zâmbia, e na vizinha Tanzânia, Julius Nyerere, o seu primeiro presidente, conduzia reformas económicas e sociais radicais.

Mesmo nos estados mais recalcitrantes da África Austral, os africanos contestavam abertamente a injustiça. Na Rodésia do Sul, os nacionalistas organizaram a União Popular Africana do Zimbabwe, liderada por Joshua Nkomo, para lutar contra o regime dos colonos brancos de Ian Smith. Na África do Sul, africanos, mestiços, descendentes de asiáticos e brancos progressistas estavam a intensificar uma campanha anti-*apartheid* não violenta, sofrendo represálias severas e brutais por parte do estado. Após o massacre de Sharpeville em 1960, o Congresso Pan-Africano e o Congresso Nacional Africano (ANC, na sua sigla em inglês) anunciaram os seus planos de utilizar a força militar para derrubar o regime do *apartheid*. As colónias portuguesas não estavam imunes a estes movimentos. Nesse mesmo ano, nacionalistas em Angola e na Guiné-Bissau desencadearam ataques militares contra instalações portuguesas.

Em segundo lugar, as atividades nacionalistas nos estados vizinhos inspiraram os moçambicanos a intensificar a luta clandestina anticolonial em Lourenço Marques e na Beira. O Núcleo dos Estudantes Africanos Secundários de Moçambique (NESAM), fundado por Eduardo Mondlane e por outros africanos instruídos no final da década de 1940, surgiu gradualmente como uma voz expressiva de oposição. Com ramificações por todo o país, os seus membros celebraram a rica e diversificada história de Moçambique e pronunciaram-se contra as políticas raciais de Lisboa. Em 1947, depois de Mondlane ter sido deportado da África do Sul por protestar contra a discriminação racial, regressou a Lourenço Marques, para ser um dos líderes do NESAM. Na década de 1950, o NESAM radicalizou-se, quando integrou jovens e militantes, nomeadamente Joaquim Chissano,[25] Armando Guebuza,[26] Filipe Samuel Magaia,[27] Mariano Matsinhe[28] e Luís Bernardo Honwana,[29] que em breve seriam todos figuras de destaque na FRELIMO e aliados próximos de Samora.

Apesar de estar sob constante vigilância, o NESAM desenvolveu uma série de atividades subversivas. Em 1961, Magaia e outros ativistas estudantis de Lourenço Marques e da Beira, ajudados pelo amigo português João Ferreira, deixavam publicações anticoloniais nos correios, nas casas de banho públicas, nas paragens de autocarros e noutros locais movimentados.[30] Os membros do NESAM apoiavam os estivadores grevistas do porto de Lourenço Marques, reuniam-se com professores opositores ao regime colonial e realizavam reuniões políticas secretas nos subúrbios degradados.[31] Organizavam também saídas clandestinas para o campo com o intuito, como escreveu mais tarde Joaquim Chissano, "de ajudar os estudantes das zonas urbanas a compreender as realidades do campo e, se possível, estar em contacto com os camponeses."[32] O NESAM chegou mesmo a lançar uma revista, *Alvor*, que apesar de fortemente censurada, abordava subtilmente questões críticas do quotidiano.

O NESAM não foi o único movimento crítico do domínio português. Por volta de 1960, a liderança da Associação dos Naturais de Moçambique, um clube destinado a brancos nascidos em Moçambique, foi assumida por portugueses antifascistas, muitos provenientes de famílias que chegaram a Moçambique em fuga da tirania do regime salazarista. A Associação abriu as portas a elementos de todas as raças e começou a organizar aulas noturnas nos subúrbios degradados, o que levou à sua dissolução em 1961.[33] Havia igualmente um pequeno grupo de brancos radicais, entre os quais João Ferreira,[34] Jacinto Veloso,[35] Rui Nogar,[36] José Luís Cabaço[37] e Rui Baltazar,[38] que clandestinamente apoiaram os primeiros movimentos nacionalistas e, mais tarde, a luta armada.

A ação do NESAM e das outras oposições internas ao colonialismo recrudesceu quando Eduardo Mondlane, então um funcionário das Nações Unidas residente em Nova Iorque, visitou Moçambique em Fevereiro de 1961. Protegido pela imunidade diplomática, Mondlane, ativista anti-*apartheid* que recentemente se doutorara, foi recebido como um herói. Nas igrejas e bairros pobres urbanos e na sua terra natal rural, Gaza, reuniu-se em público, e por vezes em privado, com dissidentes de todos os quadrantes. Mondlane evitou usar uma linguagem que oferecesse à PIDE um pretexto para o deportar e prender aqueles com quem se reunia, mas quando regressou a Nova Iorque, escreveu uma condenação amplamente divulgada do regime português, com o objetivo de mobilizar a opinião pública internacional.

Simultaneamente, a oposição intensificou-se nas zonas rurais moçambicanas. No início de 1960, exilados moçambicanos na Tanzânia, membros da União Makonde Tanganyika-Moçambique (Tanganyika Mozambique Makonde Union TMMU), enviaram militantes para o norte de Moçambique para mobilizar as comunidades rurais.[39] Desta ação resultou o primeiro protesto rural em grande escala, que ocorreu em junho na zona do planalto da Mueda, no norte do país. Milhares de camponeses reuniram-se pacificamente para denunciar os abusos decorrentes do regime de trabalho forçado presente no cultivo do algodão e a fixação de preços nas cantinas das zonas rurais. A represália colonial foi violenta, transformando o protesto num banho de sangue.[40] Num depoimento amplamente reproduzido, Alberto Chipande, que testemunhou a chacina, descreveu os acontecimentos que conduziram ao massacre.

> *O governador convidou os nossos líderes para o gabinete do administrador... O governador perguntou à multidão quem queria falar. Muitos queriam falar, e então o governador disse a todos eles para ficarem de um lado. Depois, sem mais nenhuma palavra, ordenou à polícia que amarrasse as mãos daqueles que tinham ficado de um lado e a polícia começou a espancá-los... Nesse momento, as tropas ainda estavam escondidas e as pessoas aproximaram-se da polícia para impedir que os detidos fossem levados. Foi então que o governador chamou as tropas e quando elas apareceram, ordenou-lhes que abrissem fogo. Mataram cerca de 600 pessoas.*[41]

Embora este número, que se tornou parte da narrativa revolucionária da FRELIMO, fosse sem dúvida exagerado, Honorata Simão Tschussa, na altura uma rapariga de nove anos, partilhou connosco um relato semelhante: "As pessoas cercaram o carro que transportava os prisioneiros. As tropas portuguesas abriram fogo e massacraram-nos."[42] Cornélio Mandande foi ainda mais gráfico: "As pessoas caíram como se fossem mangas durante um ciclone."[43]

Em terceiro lugar, a atividade dos opositores ao regime colonial no exílio estava a mudar radicalmente. A capacidade dos membros da TMMU de organizar um protesto de grande dimensão na Mueda, atravessando a fronteira da Tanzânia, indiciava que a luta entrara numa nova fase. Entretanto, perante a ameaça de serem encarcerados, centenas de jovens, homens e mulheres de toda a colónia, e até mesmo alguns idosos, fugiram para os países vizinhos, onde se juntaram a outros exilados para criar organizações empenhadas em derrubar o regime colonial.

Por volta de 1960, surgiram três grupos de oposição distintos no exílio. A União Nacional Africana Moçambicana (MANU), que resultou da TMMU, reuniu um conjunto de associações de assistência e culturais, cujos membros eram predominantemente da etnia makonde.[44] A maior parte trabalhava nas plantações de sisal da Tanzânia e nas docas do Quénia. Nos seus documentos fundadores, a MANU abraçou a linguagem do nacionalismo moçambicano e do pan-africanismo.[45] Com sede em Dar es Salaam, foi o maior dos três movimentos de oposição.

A União Democrática Nacional de Moçambique (UDENAMO) era composta por jovens dissidentes e trabalhadores migrantes, provenientes sobretudo do centro e sul de Moçambique.[46] Muitos fugiram para a Rodésia do Sul, que passou a ser o centro das suas atividades.[47] Não obstante, a UDENAMO conseguiu organizar células secretas em Lourenço Marques. Mais tarde, mudou a sua sede para Dar es Salaam. Em 1962, figuras influentes da oposição da região da Beira, nomeadamente o reverendo Uria Simango, juntaram-se à UDENAMO.[48] O mesmo aconteceu com Marcelino dos Santos,[49] um intelectual mestiço que estudara em França, e Hélder Martins, um médico português.[50]

A União Nacional Africana de Moçambique Independente (UNAMI) era a mais pequena das três organizações.

Sediada em Blantyre, no Malawi, juntou indivíduos com origem nas zonas dos distritos de Tete e da Zambézia que faziam fronteira com a vizinha colónia britânica. Grande parte dos seus membros vivia no Malawi muito antes de aderir à UNAMI, e os seus comunicados oficiais eram feitos sobretudo em inglês.

Esta breve resenha revela as estreitas bases destas organizações e a importância dos trabalhadores migrantes na sua composição. O regionalismo e paroquialismo étnico colocaram óbvios problemas à sua organização, tal como a dimensão geográfica da colónia, que se estendia por mais de 1200 milhas (cerca de 1930 quilómetros) desde as fronteiras da Tanzânia até às da África do Sul. Ambos os fatores tornaram a formação de uma ampla coligação anti-colonial uma tarefa gigantesca.

Este empreendimento coube a Eduardo Mondlane, já bem conhecido nos círculos anticoloniais. Pouco depois da sua visita a Moçambique em 1961, demitiu-se do cargo nas Nações Unidas e mudou-se para Dar es Salaam. Nesta cidade, com a ajuda do presidente tanzaniano Julius Nyerere e o apoio do presidente Kwame Nkrumah, do Gana, Mondlane forjou uma aliança frágil entre as três organizações, sob a bandeira da Frente de Libertação de Moçambique (FRELIMO). Este processo foi árduo e nunca plenamente concretizado. Depois de três meses de discussão durante os quais as partes tentaram produzir, com dificuldade, os objetivos do movimento, alguns exilados notáveis deixaram de participar. "Houve sempre oposição", recordou Alberto Chipande, mais tarde selecionado para liderar o primeiro ataque da FRELIMO dentro do território moçambicano.[51]

Mondlane foi eleito presidente no Primeiro Congresso da FRELIMO, realizado em Setembro de 1962. Uria Simango, derrotado por Mondlane, ficou com a vice-presidência, Marcelino dos Santos com as relações externas e

Joaquim Chissano assumiu a função de secretário pessoal de Mondlane. Muitos dos outros líderes, ou eram moçambicanos do Sul, educados nas missões, e que Mondlane conhecia pessoalmente, ou militantes moçambicanos do Norte, nomeadamente makondes — esta circunstância precipitou acusações de favoritismo por parte dos guerrilheiros da zona centro. Essa FRELIMO era uma "frente" constituída por grupos com pontos de vista e agendas divergentes, denunciando assim a sua fragilidade. Em retrospetiva, os participantes concordaram que "os primeiros dias da FRELIMO foram manchados por recriminações mútuas, expulsões e afastamentos."[52]

Actividade Anticolonial de Samora

Samora foi-se envolvendo gradualmente em atividades nacionalistas. Depois de regressar a Lourenço Marques em 1959, ajudou a organizar reuniões clandestinas de enfermeiros, auxiliares e outros trabalhadores do hospital, onde distribuía propaganda anticolonial. Por ser enfermeiro, não participou no NESAM, mas esteve em contacto com Joaquim Chissano e outros estudantes militantes. Dois anos mais tarde, ele e um colega enfermeiro, Albino Maheche, encontraram-se com Mondlane na casa do poeta moçambicano José Craveirinha. Quando a PIDE prendeu Maheche pouco tempo depois, este recusou-se a implicar Samora em quaisquer atividades subversivas.[53]

Porém, a partir dessa altura, Samora passou a estar sob vigilância constante da PIDE, o que apenas acelerou a sua fuga de Moçambique. Durante algum tempo, ele e dois outros ativistas, Thomas Kumalo e Simeão Massango, planearam escapar-se para Dar es Salaam para se juntarem à FRELIMO. O objetivo principal de Samora, no entanto, era continuar a sua formação no estrangeiro, esperando que a FRELI-

MO o enviasse para a Universidade Patrice Lumumba, em Moscovo. O Padre Matias Chicogo, da Igreja Anglicana de Maciene, que tinha estreitas ligações com o Rei Sobhuza II da Suazilândia, estava a ajudar a organizar a sua fuga.

Criado por pais cristãos, Samora não rejeitara totalmente as crenças dos mais velhos de que os espíritos ancestrais protegeriam os viajantes em viagens longas e perigosas. Assim, não surpreende que ele e Kumalo tivessem consultado um conhecido curandeiro ronga antes de fugirem. Um confidente próximo de Samora descreveu o encontro.

> *O lançamento dos* tihlolo *[quando o curandeiro pega num cesto cheio de numerosos ossinhos, pedrinhas e conchas adivinhadoras] é um momento que enche de expectativa e ansiedade a todos os que consultam um curandeiro... Depois de ter murmurado algumas palavras imperceptíveis, o curandeiro levantou os olhos e olhou fixamente para os dois homens. "Vejo-vos a fugir desta terra. Mas não cometeram nenhum crime. Vocês têm medo de sofrer muito durante a viagem. Mas vocês vão chegar. Não serão presos e tu — apontando o dedo indicador para Samora — vejo-te a regressar como um grande Chefe."*[54]

Em Março de 1963, enquanto os planos de fuga se materializavam, João Ferreira, um ativista anticolonial branco amigo de Samora e Irene, soube pelo seu amigo Vitório Hugo, um oficial do exército colonial, que Samora seria em breve detido pela PIDE. Ferreira entrou na enfermaria onde Samora trabalhava e instou-o a fugir imediatamente.[55] Alarmados, Samora e Kumalo seguiram o seu conselho, planeando juntar-se a Massango, que já tinha deixado Moçambique.

Depois de lhe ser concedida uma licença de férias no hospital e de se encontrar com membros da FRELIMO que tinham planeado as fugas de outros dissidentes, Samora informou a sua família "que ia para o estrangeiro lutar [pela] liberdade de Moçambique" — um conceito que muitos deles não entendiam bem.[56] A sua mulher Irene, que apenas há três semanas dera à luz uma menina, implorou-lhe, com lágrimas nos olhos, que ficasse. Samora, para quem a política se sobrepunha às obrigações familiares, manteve-se inabalável.[57] Rapidamente combinou com Lomba Viana, um médico português amigo, que tomasse conta da sua família, e despediu-se de Irene.

Durante a década seguinte, Samora não teve qualquer contacto com os seus familiares, que pagaram um preço muito elevado pelos seus compromissos. Devido à sua relação de parentesco, o irmão Josefate esteve preso durante mais de uma década. Em 1968, as forças de segurança portuguesas incendiaram a casa de alvenaria dos seus pais em Chilembene, forçando-os a mudarem-se para uma apinhada palhota, coberta de colmo.[58]

No dia 4 de março, Samora e Kumalo apanharam um ferry para a Catembe e percorreram a pé o distrito de Matutuine, atravessando a fronteira para a Swazilândia quatro dias depois. Para Samora, o dia 8 de Março seria sempre um dia de celebração, "marcando a sua libertação do colonialismo."[59] Quando a PIDE tomou conhecimento da fuga, já se encontravam em segurança na Suazilândia. Com a ajuda do filho do reverendo Chicogo e de funcionários suazis, percorreram o reino. Atravessaram depois a África do Sul para serem presos na fronteira da Rodésia do Sul. Enquanto muitos compatriotas eram encarcerados ou morriam misteriosamente após detenções semelhantes, o Príncipe Macucu, da família real suazi, convenceu a polícia da Rodésia do Sul a deixá-los regressar à Suazilândia, de onde passaram outra vez para a África do Sul, rumando depois para o Botswana, tal como outros militantes que os tinham antecedido.[60] Em Francistown, Samora e Kumalo contataram membros do

Partido Popular do Botswana e do ANC no exílio. Segundo Joe Slovo, comandante da ala militar do ANC, os seus guerrilheiros ficaram tão impressionados com a determinação de Samora, que tiraram um dos seus recrutas do voo para Dar es Salaam para o deixar embarcar.[61] Para gáudio de Samora, o seu velho amigo João Ferreira seguiu pouco depois num avião militar comandado por Jacinto Veloso, um capitão desertor da Força Aérea Portuguesa.

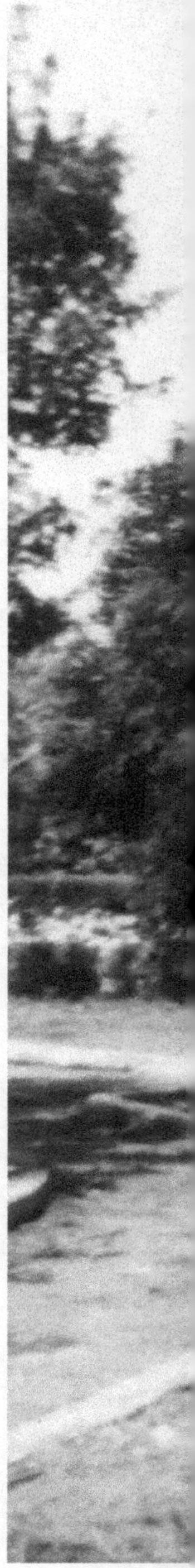

3. A LUTA DENTRO DA LUTA 1962–70

O enfermeiro Samora (CDSM).

Quando Samora chegou a Dar es Salaam, em Maio de 1963, a FRELIMO estava mergulhada num intenso conflito interno. O reconhecimento pela história oficial da FRELIMO da existência de duas fações, uma "reacionária" e outra "revolucionária", oculta mais do que revela. Na realidade, as clivagens eram múltiplas, refletindo divergências profundas sobre temas como a raça, o regionalismo e o tribalismo, e diferentes visões acerca da estrutura política, económica e social mais apropriada para Moçambique independente. As rivalidades pessoais e os ciúmes exacerbaram estas tensões. Na realidade, os membros da Frente concordavam em muito pouco, salvo no seu desejo pela independência.[1]

Samora e outros novos recrutas foram interrogados por Raimundo Pachinuapa, um alto quadro da FRELIMO e apoiante próximo de Mondlane, cuja função era determinar se eram espiões do regime colonial. Interrogado sobre a razão da sua fuga, Samora não hesitou em rejeitar a ideia de que tinha fugido, pois para ele isso teria sido um ato cobarde: "Não fugimos, viemos para cá para nos juntarmos à FRELIMO." Pachinuapa também perguntou a cada recruta se preferia estudar ou iniciar um treino militar. Este era um assunto sensível, dado que muitos vieram para a Tanzânia acreditando que iriam receber bolsas de estudo para o estrangeiro. Apesar do sonho de estudar em Moscovo, Samora respondeu sem hesitar que "em primeiro lugar" preferiria receber formação militar.[2]

Quando os novos recrutas se reuniram com o Presidente Mondlane, este colocou a mesma questão. Desta vez, a resposta de Samora foi mais cautelosa. Falando em nome dos seus compatriotas, disse que seria difícil para muitos desistir dos seus desejos de avançar com os estudos, e pediu a Mondlane que lhes desse tempo antes de optar. Nessa noite, ele e o seu companheiro de quarto decidiram dedicar-se à luta porque receavam que o contrário podia "reforçar a ideia de que o Presidente Mondlane envia jovens do centro e do norte para o treino militar, enquanto nós, do sul, vamos receber formação académica."[3] Informado da decisão de Samora, Mondlane nomeou-o chefe de um contingente de setenta e dois homens que ia para a Argélia para serem treinados na guerra de guerrilha.[4]

Antes da partida dos recrutas, Mondlane reuniu-se com eles para realçar "a rica história de Moçambique e que eles estavam a lutar contra o regime colonial português, não contra os brancos."[5] Mais tarde, durante a reunião, ele aprofundou o assunto: "Haverá um lugar na nossa terra para os portugueses oriundos de Moçambique que lá desejem viver. Como cidadãos, terão direitos iguais num Moçambique livre."[6]

Treino Militar na Argélia

O primeiro pelotão de recrutas da FRELIMO, comandado por Filipe Samuel Magaia, antigo ativista do NESAM e Chefe do Estado-maior da FRELIMO, foi enviado para a Argélia em 1962. Esta era uma escolha natural. A *Front de Libération Nationale* (Frente de Libertação Nacional) tivera uma experiência de guerrilha considerável com os franceses uma década antes, e o Presidente Ahmed Ben Bella era um fervoroso defensor das lutas de libertação. A posição geográfica argelina protegia-a das incursões militares portuguesas, e os seus portos mediterrânicos permitiam à FRELIMO receber apoio militar do bloco socialista e assistência económica dos apoiantes da Europa Ocidental. O pelotão de Samora chegou no fim do ano seguinte. Mondlane e Pachinuapa acompanharam o grupo, o que sugere a importância conferida pela direção da FRELIMO à preparação para a luta.

A formação não começou sem sobressaltos. Depois de Mondlane conversar animadamente na zona de treino e anunciar que os argelinos chegariam em breve com provisões, partiu para se reunir com as autoridades locais. Não fluentes em árabe, francês ou qualquer uma das línguas locais, os recrutas nada mais podiam fazer do que esperar, o que fizeram durante alguns dias. "Não saímos, ninguém apareceu, nenhuma autoridade militar, dormimos lá sem sequer tomar chá. Na manhã seguinte, Mondlane apareceu e mostrou-se surpreendido por ainda lá estarmos", recordou Pachinuapa. Afinal, a espera explicava-se porque os moçambicanos não contactaram as autoridades argelinas competentes. Deste fiasco, Samora aprendeu duas lições importantes — que não se podia entrar numa zona sem preparação e que era necessário estabelecer ligações diretas com as comunidades locais.[7]

Os recrutas acabaram por ser levados de camião para a base da FRELIMO em Marniah, um local desolado junto à fronteira marroquina, sem sequer um mínimo de condições para dormir. Após erguer casernas improvisadas e receber botas e uniformes, o pelotão foi dividido em três secções, cada uma com um chefe de grupo. Para criar um entendimento comum de nação, Samora incluiu guerrilheiros de diferentes regiões em cada grupo. Para alguns, esta experiência foi inicialmente chocante. Jacob Jeremias Nyambir, proveniente do Sul, admitiu que o seu encontro com os recrutas makonde do Norte foi perturbador. "Esta foi a primeira vez que vivi com alguém que tinha cicatrizes na cara e placas nos lábios e eu estava assustado. Mas passado pouco tempo, tornámo-nos bons amigos."[8]

Enquanto aguardavam pelos instrutores e pelos abastecimentos argelinos, mantiveram-se ocupados com a execução de tarefas improvisadas — levantando-se cedo para os exercícios matinais, trabalhando no quartel, varrendo e cozinhando. As conversas voltavam-se invariavelmente para a política, e nessa altura partilhavam pontos de vista e sonhos para o futuro. À espera dos instrutores e das armas, as conversas degeneravam rapidamente em reclamações contra as suas tarefas domésticas, que muitos consideravam ser trabalho próprio das mulheres. Samora interveio dando o exemplo: "Ele pegou num pano e começou a limpar o chão e as mesas. Outros seguiram-se."[9]

Entretanto, começaram a surgir divergências. Houve queixas quanto à presença de assimilados e monhés (um termo depreciativo para os moçambicanos de descendência Goesa). Alguns recrutas insistiam que por não serem africanos, nem eles, nem o próprio Mondlane, que os considerava moçambicanos, podiam ser dignos de confiança; outros receavam que não seriam leais a Mondlane,[1,0] outros opunham-se ainda a que estes "não-africanos" ocupassem os lugares de enfermeiros, professores e chefes de grupo, que só tinham obtido pela facilidade de acesso à educação sob o regime colonial.

Samora organizou grupos de estudo obrigatórios para abordar questões fraturantes, como a raça e a identidade nacional. Os resultados iniciais foram mistos. "Marcámos reuniões políticas e alguns não participaram. Justificaram a ausência assim: 'Não vamos a essas aulas, são aulas de trapaceiros e estão a planear como se livrar de Mondlane'. Quando estávamos todos juntos em grupo, as discussões eram acaloradas e, por vezes, provocavam indisciplina". Durante um debate muito intenso, Samora interrompeu abruptamente, como muitas vezes fazia, e disse: "Estamos aqui para receber treinos para a luta armada contra o colonialismo português... Não somos contra os brancos, não somos contra os mulatos... Não somos assassinos, queremos libertar o nosso país. Esse é o nosso objetivo, isso e mais nada."[11] O recruta Tino Armando discordou veementemente, insistindo que os mulatos e os brancos eram malfeitores. Samora ficou furioso, tendo-se seguido uma altercação da qual Samora saiu vitorioso.[12]

Quando os instrutores argelinos chegaram, pouco tempo houve para grupos de estudo e debate político. O pelotão de

Samora foi para formação no interior do país. Usando tradutores, os argelinos "puxaram" pelos moçambicanos e pelos membros de um pequeno grupo de combatentes do Congresso Nacional Africano, treinando-os de dia e de noite.

> *Foi uma loucura. Uma verdadeira loucura... A partir do momento em que acordávamos, estávamos sempre em movimento. Tínhamos quinze minutos para o pequeno-almoço. Levávamos comida para comer enquanto estávamos a treinar. Levávamos tudo: munições, granadas, tudo. O nosso corpo sentia-se pesado. Por vezes, até colocávamos uma melancia inteira nas nossas mochilas, mas muitas vezes não tínhamos [tempo] para a comer e tínhamos de a levar de volta para o acampamento. Às vezes enchíamos os cantis com água, mas não tínhamos tempo para a beber. Os instrutores caminhavam enquanto davam aulas e chegavam a um lugar, paravam e lá davam uma aula. Corriam, subiam uma montanha e paravam no topo da montanha, davam mais instrução enquanto desciam as montanhas a correr. Os instrutores vinham atrás de nós. Abriam fogo não com balas falsas, mas com as verdadeiras. As balas caíam à nossa volta e os instrutores diziam: 'se morrerem não é culpa minha, estou aqui para vos treinar'. Foi um treino muito duro e era todos os dias. E Samora estava sempre lá, a disciplinar toda a gente.*[13]

Depois de mais de seis meses de treino, Samora e o seu contingente regressaram à Tanzânia.[14]

Divisões no Seio da FRELIMO

Samora Machel foi então designado responsável pelo campo de treino militar em Kongwa. Em 1965, comandava a base principal da FRELIMO em Nachingwea — a mais de setenta milhas (cerca de 112 quilómetros) da fronteira moçambicana — a zona onde se prepararam dos ataques da FRELIMO no interior de Moçambique. Na qualidade de alto responsável militar e um dos aliados de confiança de Mondlane, Samora envolveu-se nos debates internos da FRELIMO. Os desacordos na sua liderança eram ferozes, gerando desconfiança, intrigas, deserções e até assassinatos. A frente unida apresentada pela FRELIMO ao mundo exterior disfarçava, na verdade, dois conjuntos de alianças, que no seu interior discordavam em muitas questões.

A primeira envolvia o Presidente Mondlane e outros militantes, incluindo Samora, que abraçaram a plataforma radical e não-racial adotada no Primeiro Congresso do Partido em 1962.[15] O apoio do ocidente ao colonialismo português levara Mondlane e muitos dos que o rodeavam a adotar uma postura anti-imperialista mais radical, para consternação de alguns dos correligionários mais nacionalistas. Este primeiro grupo contava com o apoio do Presidente Nyerere da Tanzânia, que facilitava os encontros de Mondlane com a Organização da Unidade Africana e com os países socialistas.[16]

A segunda fação era composta por nacionalistas descontentes, que rejeitaram a nova direcção da FRELIMO.[17] As suas figuras mais proeminentes eram o Vice-Presidente Uria Simango e Lázaro Nkavandame, um respeitado ancião Makonde que formou uma cooperativa de algodão no norte de Moçambique e ajudou a FRELIMO a organizar os trabalhadores migrantes de etnia makonde na Tanzânia.[18] Mateus Gwenjere, um padre de Sofala que entrou na FRELIMO em meados dos anos de 1960 juntamente com alguns dos seus alunos, também criticou o grupo de Mondlane. Embora os três se tenham oposto à viragem radical da FRELIMO e à punição de dissidentes decretada pela direção, não falavam em uníssono. Enquanto Simango e Gwenjere adotaram uma posição contra os brancos, Nkavandame não o fez. Do mesmo modo, nem Nkavandame nem Gwenjere se aproximaram do maoísmo, ao contrário de Simango. Gwenjere também criticou a liderança por não ter enviado recrutas estudar no estrangeiro.

Os conflitos internos da FRELIMO relacionaram-se com diversas questões, mas interligadas: que papel tinha a raça, se algum, na definição de quem devia ser considerado moçambicano? Quem era o inimigo? Que papel deveriam ter os moçambicanos instruídos na FRELIMO? Que táticas seriam mais eficazes para conduzir a luta armada? Que tipo de sociedade pós-colonial a FRELIMO idealizava?

Estas clivagens exacerbaram ainda mais as animosidades regionais e religiosas anteriormente existentes. Estas foram igualmente fomentadas pela ambição pessoal e pela campanha de propaganda contínua de Lisboa, que explorou as tensões históricas entre makuas e makondes e a influência dos marxistas dentro da FRELIMO.[19]

Apesar da multiplicidade de fatores de tensão, a questão racial e a questão conexa de quem era um "autêntico moçambicano" encontravam-se no centro do conflito. Simango, Nkavandame e os seus apoiantes definiam o inimigo exclusivamente em termos raciais. Para eles, todos os colonos, incluindo os mestiços e os asiáticos, ou eram colaboradores ou simplesmente beneficiavam do domínio português, o que os tornava inimigos.[20] Rejeitaram a política anti-racista do Primeiro Congresso do Partido e ficaram indignados por Mondlane e os seus aliados terem acolhido brancos, mestiços e asiáticos progressistas na FRELIMO. A sua oposição categórica violava um princípio fundamental da cultura política da FRELIMO, segundo o qual os militantes tinham de falar a uma só voz, uma vez alcançado o consenso.

A questão da raça despertou com a chegada a Dar es Salaam de João Ferreira e Jacinto Veloso, dois portugueses brancos que se juntaram à FRELIMO.[21] Simango e os seus apoiantes ficaram furiosos, insistindo que só os negros africanos eram autenticamente moçambicanos. Tanto para Mondlane, casado com uma norte-americana branca, como para Marcelino dos Santos, a pigmentação estava subordinada à política. As coisas pioraram com o aparecimento de Hélder Martins, um médico dissidente descendente de portugueses, cujos serviços eram muito necessários paro o insuficientemente formado pessoal médico da FRELIMO, e de Fernando Ganhão, um conhecido professor, ambos fugidos de Lisboa. Sob pressão dos oficiais de segurança tanzanianos, os dirigentes da FRELIMO concordaram em enviar os quatro para a Argélia e para outros países para trabalharem com exilados políticos.[22] Embora não haja indícios de que Samora se tenha oposto a esta decisão, deve ter ficado desapontado, dada a sua posição em relação à raça

A questão racial também influenciou a estratégia militar da FRELIMO. Os que consideravam todos os portugueses como inimigos defendiam ataques aleatórios aos colonos europeus e uma estratégia de violência urbana — à semelhança do que tinha acontecido na Argélia. Em 24 de Agosto de 1964, um mês antes do início da guerra e seis meses antes do célebre ataque em Chai, na Mueda, um grupelho liderado por Lucas Fernandes, um membro da FRELIMO que manifestara publicamente o seu ódio aos brancos, matou um sacerdote holandês na missão católica de Nangolo, em Cabo Delgado.[23] A FRELIMO condenou o assassinato. Tanto Mondlane como Samora rejeitaram a violência urbana precipitada, que necessariamente iria matar homens, mulheres e crianças indefesos e colocaria em risco a vida de apoiantes locais.[24]

Mondlane, Samora e outros oficiais de alta patente delinearam uma estratégia alternativa centrada na mobilização política e militar dos camponeses explorados. Esta estratégia pressupunha que os guerrilheiros da FRELIMO estabelecessem laços com os aldeões locais com base em objetivos políticos comuns e no envolvimento dos camponeses em todos os aspetos da luta. Esta posição foi fortemente influenciada pelo êxito das lutas anti-coloniais da China e do Vietname do Norte.

As clivagens regionais também desempenharam um papel destacado na amarga disputa acerca do papel da FRELIMO na promoção da educação dos seus recrutas. Muitos estudantes que fugiram para Dar es Salaam nos primeiros anos eram provenientes das zonas rurais do centro e norte de Moçambique, onde as oportunidades de estudo eram limitadas. Eles ingressaram na FRELIMO na esperança de estudarem no estrangeiro.[25] Poucos quiseram seguir o exemplo de Samora e ir primeiro para a linha da frente. Entretanto, em 1966, o Comité Executivo da FRELIMO abandonou a sua política de envio de recrutas para o estrangeiro, temendo que o programa criasse dois níveis de militantes — os que tinham a oportunidade de estudar no estrangeiro e os que eram obrigados a lutar. A nova diretiva, impulsionada por Armando Guebuza, secretário de educação da FRELIMO, exigia também que os que estudassem no estrangeiro ou frequentassem o Instituto Moçambicano em Dar es Salaam passassem meses de formação político-militar em Nachingwea, sob o comando de Samora. Depois, ser-lhe-iam atribuídas tarefas na linha da frente, tais como trabalhar com camponeses analfabetos em escolas no mato, ou construir unidades sanitárias improvisadas.

Esta medida não foi bem acolhida por muitos estudantes.[26] No início de 1968, os alunos do Instituto Moçambicano estavam em rebelião aberta. Depois de Samora ter ajudado a pôr cobro ao protesto, o instituto foi encerrado. William Minter, um professor deste Instituto, escreveu que alguns dos contestatários eram motivados pela "ideia de que o seu próprio sucesso pessoal e a sua educação futura [tinham] prioridade em relação às necessidades da revolução."[27] Alguns estudantes frustrados fugiram para o Quénia, para os Estados Unidos e para outras nações ocidentais, onde ajudaram a formar a União Nacional dos Estudantes Moçambicanos para se oporem às políticas da FRELIMO. Embora sem grande sucesso, a UNEMO publicou um ataque muito duro a Mondlane, alegando que este os tinha obrigado a interromper os estudos para manter a sua posição como único membro da FRELIMO com o grau de doutoramento.[28]

As duas fações também tinham visões muito diferentes acerca do que seria um Moçambique independente. Simango e Nkavandame adotaram uma posição nacionalista que perfilhava o governo de uma elite negra escolarizada, à semelhança do Malawi e do Quénia. Samora apoiou Mondlane e o Comité Executivo da FRELIMO na condenação desta abordagem elitista que, segundo eles, conduziria Moçambique a um compromisso neocolonial, como sucedera com outros países africanos. Ao invés disso, imaginavam uma sociedade livre de desigualdades raciais, sociais e económicas, que respondesse às necessidades dos operários e dos camponeses, e que pudesse combater a pobreza e o subdesenvolvimento através da capacidade transformadora da educação, da ciência e da tecnologia.[29]

Em 1968, Mondlane reconheceu que a FRELIMO estava a mover-se para o socialismo, a primeira vez que um dirigente da FRELIMO se referiu publicamente ao marxismo. Vários anos antes, porém, Samora já ponderava uma trajetória mais radical. Entre os seus documentos pessoais, descobrimos um caderno de apontamentos de campo rasgado, escrito em finais de 1966, ou em princípios de 1967. Depois de perguntar a si próprio se a FRELIMO deveria ser uma frente unida ou um partido único, enumerou vinte e dois objetivos sociais e políticos, que mais tarde foram todos incorporados na ideologia revolucionária da FRELIMO. Entre os mais significativos, contavam-se os seguintes:

• Apoiar as massas
• Luta armada no interior do país
• Unidade de todos os camaradas
• Criação de zonas libertadas com base no poder popular
• Abaixo o racismo e o tribalismo
• Evitar slogans revolucionários
• Justiça social[30]

Ascensão de Samora ao Poder

À medida que Samora se tornou um defensor cada vez mais influente da linha socialista, os seus opositores argumentavam que ele sofrera uma lavagem cerebral por parte de intelectuais marxistas que sequestraram a FRELIMO. Denunciavam a sua estreita relação com Marcelino dos Santos, Jorge Rebelo, Óscar Monteiro e Sérgio Vieira, descendentes de goeses que não consideravam ser moçambicanos autênticos. Nas suas alegações estava implícito o pressuposto elitista de que a origem camponesa e a instrução limitada de Samora o impossibilitavam de entender as complexidades do marxismo.[31]

No entanto, os rivais de Samora interpretavam totalmente mal as raízes do seu radicalismo, que se estendiam aos tempos de juventude. Mais tarde, em Lourenço Marques, Samora foi discriminado no local de trabalho, impedido de entrar em salas de cinema segregadas e de circular livremente pela cidade à noite, e podia ainda ser preso e espancado pelo mais insignificante pretexto.[32] Durante este período, começou a questionar o êxito limitado dos movimentos nacionalistas africanos, a reconhecer as conquistas mais amplas das revoluções no Vietname e em Cuba, e a tomar consciência da resposta de entidades internacionais à luta anticolonial da FRELIMO. Em Dar es Salaam, observou em primeira mão como a China, o Vietname e as nações do bloco de leste prestavam apoio militar e diplomático à FRELIMO, enquanto o ocidente fazia ouvidos de mercador aos pedidos de assistência e continuava a apoiar Portugal. Samora mais tarde descreveu o seu percurso político nos seguintes termos: "Durante a luta de libertação, alguém me deu uma cópia de um livro de Marx. Li e percebi que estava a 'ler' Marx pela segunda vez."[33] Tal como explicou um líder da FRELIMO, "o marxismo de Samora veio do seu instinto."[34]

Pela mão de Mondlane, Samora ascendeu rapidamente. Em 1966, o Comité Central da FRELIMO nomeou-o Secretário de Defesa, em substituição de Filipe Samuel Magaia, que havia sido morto durante uma patrulha por um membro dissidente da FRELIMO.[35] A opção por Samora e não por Casal Ribeiro, o segundo comandante de Magaia proveniente do centro de Moçambique, alimentou as desconfianças de que uma clique do sul consolidava o poder. Samora assumiu a responsabilidade no planeamento e coordenação das campanhas militares da FRELIMO e na construção de uma força militar e de uma estrutura de comando comprometida com a visão radical da liderança. Durante o Segundo Congresso do Partido em 1968, Mondlane destacou Samora pelos seus feitos extraordinários.

Entretanto, a PIDE, infiltrada na FRELIMO, fomentou a discórdia. Os seus operacionais espalharam rumores, de que havia uma tomada de poder marxista até às acusações de que Mondlane e a sua esposa, Janet, eram agentes da CIA. A PIDE subornou sub-repticiamente militantes colocados em posições-chave e desencadeou uma tremenda campanha de propaganda destinada a exacerbar as tensões étnicas e regionais, dizendo a membros do centro e do norte que os do sul, incluindo Mondlane e Machel, tinham capturado a FRELIMO e promoviam amigos e familiares.

No entanto, o maior desafio para Mondlane e Samora veio da própria liderança da FRELIMO. À medida que diminuía o poder e a influência dos dissidentes, eles tornavam-se mais aguerridos e vocais. Simango insistia que os brancos e os asiáticos corrompiam os dirigentes da FRELIMO e que não entregaria o poder aos "marxistas do Sul". Nkavandame opôs-se também à viragem radical e, através dos seus laços com altas individualidades do Governo tanzaniano, procurou criar uma clivagem entre Nyerere e os dirigentes da FRELIMO.[36] Gwenjere incitou estudantes estrangeiros a saquearem o escritório da FRELIMO em Dar es Salaam, o que resultou no assassinato do membro do Comité Central Matheus Sansão Muthemba.

Na manhã de 3 de fevereiro de 1969 Mondlane foi assassinado. Como relatado em *Mozambique Revolution*, "nesse dia, de manhã cedo, o nosso Presidente foi ao escritório e trabalhou com vários camaradas. Por volta das 10 da manhã, recolheu todo o seu correio do escritório e foi para a casa de um amigo [uma americana, Betty King], um lugar tranquilo para trabalhar sem ser perturbado. Entre o correio que levava consigo estava um livro, embrulhado e endereçado a ele. Uma vez em casa, começou a abrir o seu correio. Quando abriu o livro, ocorreu uma grande explosão, que matou o nosso Presidente."[37]

A polícia portuguesa, provavelmente com a ajuda de um assassino profissional chamado Cassimo Monteiro, orquestrou o assassinato. Embora nenhum moçambicano tenha sido acusado, a PIDE terá tido cúmplices dentro da FRELIMO, que providenciaram a entrega do pacote diretamente a Mondlane. Os dois principais suspeitos eram Silvério Nungu, secretário administrativo no escritório da FRELIMO em Dar es Salaam, e Lázaro Nkavandame.[38]

A morte de Mondlane precipitou uma intensa luta pelo poder. Numa jogada de antecipação, imediatamente após o funeral, Simango declarou-se presidente. No entanto, as suas divergências públicas com Mondlane, a sua perspetiva racialista e a falta de experiência no campo de batalha levaram muitos dirigentes a opor-se. Semanas mais tarde, numa reunião de emergência do Comité Central, Simango não conseguiu obter a maioria. Num esforço infrutífero para resolver o conflito, o Comité Central aprovou uma troica de presidentes em condições iguais: Samora, o Comandante Militar; Marcelino dos Santos, o Secretário para os Negócios Estrangeiros; e Simango, o Vice-presidente.

Em resposta, Simango escreveu "The Gloomy Situation in FRELIMO" (A Situação Sombria na FRELIMO), um ataque cerrado contra os outros dois líderes, que acusou de usurparem o poder, de terem eliminado os rivais políticos e de planearem a sua morte. Condenou também Mondlane por ter fomentado um novo colonialismo na FRELIMO, ao permitir que os portugueses dominassem o Instituto de Educação, lavassem o cérebro aos estudantes e se infiltrassem no Comité Central. Simango negou que ele e os seus apoiantes fossem racistas, e insistiu que estavam a defender os interesses do povo, prevenindo vigilantemente que os imperialistas se infiltrassem na FRELIMO.[39] Também denunciou a violência política da liderança da FRELIMO e afirmou que Samora arquitetou pessoalmente o assassinato do seu antecessor, Felipe Samuel Magaia.

Dois meses depois, o Comité Central expulsou Simango da FRELIMO e escolheu Samora para preencher o vazio na liderança.[40] Ele foi escolhido devido aos laços próximos com Mondlane, pela competência como comandante militar, pela popularidade entre os guerrilheiros e pela capacidade de conquistar as comunidades rurais no norte de Moçambique. Simango fugiu para o Cairo e juntou-se depois ao Comité Revolucionário de Moçambique, uma organização nacionalista com sede na Zâmbia.[41] Alguns suspeitavam do seu envolvimento no assassinato de Mondlane, uma acusação nunca provada.

Mais ou menos ao mesmo tempo, Nkavandame, acusado de corrupção e exploração de camponeses no norte de Moçambique, desertou juntamente com os seus apoiantes para o lado português, e exortou outros makondes a deporem as armas. O regime colonial usou a sua deserção para conquistar as comunidades makondes, mas sem sucesso. Este fracasso foi importante para a FRELIMO, já que Cabo Delgado era então um terreno de luta fundamental e uma rota indispensável para guerrilheiros alargarem a sua campanha ao Niassa e a mais províncias do sul.

4. SAMORA E A LUTA ARMADA

1964–75

Samora e Eduardo Mondlane
Cortesia do Centro
de Documentação
e Formação Fotográfica (CDFF).

Embora assolada por conflitos internos, a liderança da FRELIMO preparava a sua guerrilha para enfrentar o exército colonial de Moçambique, prosseguindo a difícil tarefa de conquistar apoios em comunidades rurais que pouco sabiam sobre o movimento de libertação. Samora desempenhou um papel decisivo na resposta a estes dois desafios.

Preparação para a Luta Armada

Quando o pelotão de Samora regressou da Argélia, permaneceu inicialmente no acampamento da FRELIMO em Bagamoyo, na Tanzânia. A proximidade com Dar es Salaam preocupou a FRELIMO. Por um lado, o acampamento era um alvo fácil para os espiões portugueses; por outro, a presença de familiares dos guerrilheiros na capital da Tanzânia era um possível fator de distração. Assim, o acampamento foi transferido para Kongwa, no centro do território vizinho, e Samora nomeado o seu comandante.

Em Kongwa, no antigo espaço de um empresa de produção de amendoim entretanto abandonado, havia apenas três barracas, e as condições eram ainda piores do que na Argélia. Os soldados tinham apenas o que traziam consigo — cobertores, algumas provisões e pertences pessoais, mas não armas. Como recordou Pachinuapa, "[logo] no primeiro dia, precisávamos de comer. Assim, colocava-se a questão de saber quem iria realmente cozinhar. Considerávamo-nos soldados bem treinados porque tínhamos concluído o curso militar [na Argélia]. Ninguém estava interessado em trabalhar na cozinha. Éramos combatentes e não cozinheiros. Samora voluntariou-se. Ele deu o exemplo."[1]

Para Samora o acampamento devia tornar-se autossuficiente o mais rapidamente possível. Dividiu os cem soldados em dois grupos, cada um dos quais passava parte do dia a trabalhar nas *machambas* e a construir casernas e latrinas, enquanto os restantes treinavam. Faltando armas, simularam situações de combate com varas, até à chegada do primeiro carregamento de armas ligeiras proveniente da Argélia. Mais tarde, foram treinados com armas fornecidas pela China e pelos países do bloco de leste. Aprenderam a prestar primeiros socorros, a organizar emboscadas e a colocar minas terrestres. À noite, dedicavam-se à educação política e frequentavam aulas de alfabetização. Segundo Chipande, os oficiais e os soldados de infantaria deveriam treinar lado a lado, trabalhar em conjunto, nas *machambas* e na preparação das refeições. Este regime foi introduzido por Samora para que todos percebessem que, independentemente do local da colónia onde nasceram, a sua sobrevivência dependia agora do apoio recíproco.[2]

Em 1965, a FRELIMO deslocou a sua principal base de treino para mais perto da fronteira. Situava-se agora em Nachingwea, numa plantação abandonada, situada a menos de 112 quilómetros de Cabo Delgado, onde no ano anterior a FRELIMO lançara as suas primeiras ações militares. Com a ajuda de um contingente de instrutores chineses, Samora supervisionou o treino de mais de dois mil guerrilheiros de ambos os sexos. Com as suas escolas, uma clínica, as *machambas* coletivas e o destacamento feminino, Nachingwea constituía um microcosmo da nova sociedade moçambicana idealizada pela FRELIMO. Anos mais tarde, Samora descreveu esta base como o "laboratório e a forja" da nova nação.[3]

Como parte da educação política dos militantes, Samora e a direção da FRELIMO sublinharam os valores revolucionários do movimento, exigindo aos guerrilheiros que abandonassem os hábitos decadentes herdados do colonialismo e as crenças "obscurantistas" que aprenderam quando crianças. Hélder Martins, que formou enfermeiras em Nachingwea, descreveu a profunda influência exercida pelos conselheiros chineses no pensamento de Samora: "Eles não eram apenas instrutores militares; eram também instrutores políticos. Eles sugeriram leituras para Samora, incluindo *As Obras Completas de Mao Tse Tung*, onde se destacava a importância do coletivismo, da autodisciplina e da solidariedade com o campesinato."[4]

Samora também procurou criar um sentimento de identidade nacional, instituindo atividades culturais — dança, canto e teatro — representativas dos vários cantos da colónia. Na maioria das noites de sábado, os militantes envolviam-se nestas atividades, uma pausa agradável do treino militar e político. Segundo Óscar Monteiro, que lecionava em Nachingwea, estas noites sociais ajudaram a reforçar a ligação entre os camaradas.[5]

A vida em Nachingwea era exigente. O trabalho nas *machambas*, a formação militar e a educação política ocupavam o dia inteiro e grande parte da noite. As condições de vida eram duras e os suprimentos escassos. Alguns recrutas ficaram desanimados; outros abandonaram o movimento.[6] Outro problema preocupante era o número de mulheres recrutadas que engravidaram durante a formação — assim como a necessidade de prestar apoio a estas jovens mães solteiras e aos seus filhos.[7] Atendendo aos preconceitos de género dominantes na liderança, não surpreende que os cuidados prestados às crianças tenham sido deixados às mães e aos membros do Destacamento Feminino, que assumiram o papel de "tias". Não obstante este comportamento sexista, as "lições de Nachingwea" foram uma experiência importante para discurso revolucionário idealizado pela FRELIMO.[8]

Um organizador rigoroso, Samora era sensível às dificuldades de adaptação dos recrutas às exigências da vida em Nachingwea. Numa determinada ocasião, encontrou-se com um aluno rebelde do Instituto Moçambicano que tinha sido enviado para Nachingwea. O estudante esperava ser severamente castigado, mas Samora ouviu as suas queixas, de como sentia saudades de casa e estava frustrado por não poder treinar como artilheiro, que sempre fora o seu sonho. No dia seguinte, foi transferido para uma unidade de artilharia treinada pelos chineses e integrou a primeira brigada de artilharia a combater no interior de Moçambique.[9]

A entrada da guerrilha no norte de Moçambique começou em 1964. A primeira frente foi aberta em Cabo Delgado, com uma incursão contínua nas terras altas dos makondes, liderada por Alberto Chipande. Em Novembro de 1965, a FRELIMO abriu uma segunda frente no Niassa oriental. Depois de onze dias de marcha e de evitar pelo menos uma emboscada portuguesa, a pequena força expedicionária liderada por Samora chegou à aldeia do grande chefe Yao, Mataka V. Segundo alguns relatos, o grupo de Samora, vestido com trajes muçulmanos para evitar suspeitas, encontrou-se disfarçadamente com Mataka e convenceu-o e aos seus súbditos a relocalizarem-se, seguindo os guerrilheiros para uma zona fora do controlo das autoridades coloniais.[10] Anos mais tarde, António Ramalho Eanes, presidente de Portugal e antigo capitão do exército colonial, apresentou um relato mais completo desta manobra num banquete de estado, explicando que Mataka estava preso num centro administrativo português quando Samora, vestido de clérigo muçulmano, entrou no posto e o levou para longe. Samora, que não era conhecido pela sua modéstia, sorriu e acrescentou com vontade outros pormenores. Com Mataka livre, alguns dos seus seguidores juntaram-se à FRELIMO, na Tanzânia. Outros dos reassentados forneceram alimentos e apoio logístico aos insurgentes que atravessavam o corredor do Niassa em direção ao sul.[11]

Este episódio demonstra como Samora compreendeu o importante papel que os líderes tradicionais africanos poderiam desempenhar na luta de libertação. Tal como os antepassados de Mataka, também os de Samora lutaram contra a ocupação portuguesa. Estas memórias vivas alimentaram uma tradição de resistência, o que ajuda a explicar por que os seguidores Yao de Mataka apoiaram a guerrilha, enquanto outras forças políticas africanas no Niassa, que não tinham resistido, se mostraram mais ambivalentes. Anos mais tarde, Samora recorreu a uma tradição de resistência semelhante para mobilizar apoiantes nas zonas do Vale do Zambeze, onde a oposição anticolonial persistiu até 1921.[12]

Em finais de 1965, e após a realização de importantes incursões em Cabo Delgado e Niassa, a FRELIMO abriu uma frente em Tete. Envolvido no planeamento da estratégia, Samora não dirigiu a campanha militar. Este esforço foi abandonado meses depois, quando se tornou evidente que as forças da FRELIMO estavam sobrecarregadas noutros locais. Só em 1969, a FRELIMO voltou a enfrentar as forças portuguesas na região de Tete.

Implementação de Estratégias para Prosseguir a Luta Armada

O desenvolvimento da luta armada em Moçambique, exigiu da FRELIMO estratégias adequadas. Embora muito se tenha escrito sobre o assunto, vamos concentrar-nos nos quatro desafios mais relevantes enfrentados por Samora como comandante militar.

O primeiro foi a relativa fraqueza da guerrilha. A FRELIMO tinha apenas 250 homens, armados com pistolas, espingardas antiquadas, metralhadoras ligeiras e minas terrestres. Nos seus relatórios da linha da frente, Samora queixou-se de que a falta de armas e munições estava a impedir os avanços da guerrilha, tanto em Cabo Delgado como no Niassa.[13] A força colonial contava com mais de trinta mil homens e possuía armas modernas, equipamento de comunicações, helicópteros, jatos e napalm, tudo fornecido pelos aliados da NATO que apoiavam Lisboa. Dado este desequilíbrio do poderio militar, Samora e os seus camaradas calcularam que seriam necessários vinte anos ou mais para libertar Moçambique.[14]

O segundo desafio, para contrabalançar este enorme desequilíbrio, implicava o recrutamento de um grande número de simpatizantes. A liderança da FRELIMO convencera-se de que o modelo de guerrilha prolongada de Mao, com ênfase na mobilização política dos camponeses e na transformação socioeconómica das zonas rurais, era a melhor estratégia para a libertação de Moçambique. Recorrendo à máxima maoísta, Samora e os seus comandantes sublinharam que "o povo está para a guerrilha como a água está para o peixe". Fora da água, um peixe não pode viver. Sem o povo, ou seja, sem o apoio do povo, os guerrilheiros não podem sobreviver."[15] Para obter este apoio tão necessário, os militantes da FRELIMO organizaram reuniões nas comunidades rurais com o intuito de explicar os objetivos da luta e de resolver os problemas imediatos dos camponeses.[16] Samora também aproveitou estas ocasiões para estabelecer laços pessoais com os membros destas comunidades, alguns dos quais perduraram por toda a vida.

Nas zonas de combate de Cabo Delgado e do Niassa, as comunidades rurais simpatizantes forneciam sorrateiramente alimentos essenciais, e transportavam material de guerra das bases da FRELIMO para as linhas da frente. A manutenção das linhas de abastecimento era um processo árduo e extremamente perigoso para os transportadores.[17] A FRELIMO também usou crianças para levar mensagens, já que estas eram menos suscetíveis de ser detetadas pelas tropas portuguesas.

O recrutamento de apoiantes foi desafiante. O medo da retaliação desencorajava muitos camponeses de ajudar os guerrilheiros ou de se juntarem às suas fileiras. Por vezes, as forças da FRELIMO atacavam comunidades leais aos portugueses coagindo os seus membros a participar na luta armada.[18] Segundo Thomas Henriksen, um historiador que muitas vezes criticou a FRELIMO, as evidências sugerem que "as forças coloniais eram mais culpadas de assassinatos indiscriminados e de assassinatos em massa", enquanto a FRELIMO se envolvia "em violência seletiva e raptos."[19]

O terceiro desafio de Samora foi o da integração efetiva das mulheres em todos os aspetos da luta. As reduzidas fileiras da FRELIMO e a necessidade urgente de expandir a sua base de apoio nas zonas rurais exigiam mais quadros. As mulheres foram a escolha óbvia. A Liga Feminina Moçambicana foi fundada em 1966. A sua função era recrutar mulheres para transportar mantimentos, fornecer informações sobre a atividade militar portuguesa e mesmo a realização de pequenos atos de sabotagem. No entanto, elas não eram consideradas potenciais guerrilheiras. Insatisfeitas com estas restrições, algumas mulheres pediram formação militar. No ano seguinte, a FRELIMO criou o Destacamento Feminino, sob a direção de mulheres comandantes formadas em Nachingwea. Após o treino, foram enviadas brigadas para Moçambique, com o objetivo de mobilizar as mulheres camponesas e levar a cabo atividades de guerrilha limitadas. A participação de mulheres moçambicanas em campanhas militares estimulou a reestruturação gradual dos papéis de género na FRELIMO.

Uma das primeiras mulheres a receber formação foi Josina Muthemba, nascida em Inhambane numa família rural com profundas raízes nacionalistas. Ativa no NESAM e membro clandestino de uma célula da FRELIMO na capital, ela tentou fugir para a Tanzânia em 1964, para se juntar ao movimento de libertação. As forças de segurança rodesianas prenderam-na, e como era prática corrente, entregaram-na à PIDE. Sob vigilância do estado, Josina conseguiu ainda assim escapar com outros apoiantes da FRELIMO, tendo chegado a Dar es Salaam no ano seguinte. Durante algum tempo, Josina ajudou Janet Mondlane, esposa do presidente da FRELIMO, no Instituto Moçambicano. Mais tarde, enviada para Moçambique, trabalhou com órfãos e jovens mães, organizando creches e garantindo alimentação, cobertores, vestuário e material médico. Em 1967, ela e mais vinte e quatro mulheres foram as primeiras a voluntariar-se para o treino militar em Nachingwea. Finda a formação, Josina tornou-se chefe no Destacamento Feminino.[20]

A dedicação de Josina à FRELIMO chamou a atenção de Eduardo Mondlane e de outros dirigentes, incluindo Samora. Este sentiu-se atraído pela jovem militante, enérgica e bonita, que recusara uma bolsa de estudos na Suécia para participar na luta. Acima de tudo, ele admirava a independência de espírito e o empenho de Josina na revolução. Numa carta datada de 22 de Outubro de 1970, escreveu-lhe que "me dá alegria conhecer as tuas grandes capacidades e a tua eficácia na luta pela libertação e, em particular, na luta pelas mulheres moçambicanas."[21]

Apesar de ter esposa e família em Lourenço Marques, Samora cortejou abertamente Josina. Pouco depois, com a aprovação da FRELIMO, casaram-se no Centro de Educação da FRELIMO, em Tunduru, a 4 de Maio de 1969 — três meses após o assassinato de Mondlane. Num gesto de solidariedade, o reverendo Uria Simango, Vice-Presidente da FRELIMO e principal rival de Samora, oficializou o casamento, que contou com a presença de muitos altos quadros da FRELIMO e da Tanzânia, incluindo o Presidente Nyerere. Em Novembro, Josina deu à luz um menino rechonchudo chamado Samora Jr., tratado por Samito — "o pequeno Samora."

Josina e outras militantes confrontaram os dirigentes da FRELIMO com uma série de questões que prejudicavam as mulheres mais jovens. Defenderam a abolição dos os ritos de circuncisão feminina e propuseram o aumento do apoio às militantes grávidas. Foram bem-sucedidas em ambos os aspetos. Em 1972, uma comissão da FRELIMO realizou um estudo nas zonas libertadas sobre os efeitos dos ritos de circuncisão nas raparigas e nos rapazes das etnias makua e makonde. No ano seguinte, apesar da oposição dos mais tradicionalistas, recomendaram a erradicação desta prática.[22]

As experiências de guerra, as decisões pragmáticas e o relacionamento com Josina, transformaram o pensamento de Samora no que respeitava à igualdade entre homens e mulheres. Em várias ocasiões, pediu desculpas pelo seu comportamento irresponsável e impróprio e, apesar da oposição dos membros mais conservadores da FRELIMO, celebrou a importância das mulheres na luta armada. Na sua muito citada intervenção na primeira conferência da Organização da Mulher Moçambicana em 1973, Samora proclamou:

> *A emancipação da mulher não é um ato de caridade, o resultado de uma atitude humanitária ou de compaixão. A libertação das mulheres é uma necessidade fundamental para a Revolução, a garantia da sua continuidade e a condição prévia para a sua vitória. O principal objectivo da Revolução é destruir o sistema de exploração e construir uma nova sociedade que liberte as potencialidades do ser humano, reconciliando-o com o trabalho e com a natureza. É neste contexto que se insere a questão da emancipação das mulheres... Para que seja vitoriosa, a Revolução deve eliminar todo o sistema de exploração e opressão, libertando todos os explorados e oprimidos.*[23]

Note-se, porém, que o pensamento de Samora não tinha evoluído o suficiente a ponto de incluir nas suas preocupações a opressão sofrida pelas mulheres no agregado familiar e na comunidade.

O último desafio do líder da FRELIMO era o de ultrapassar a noção racista, partilhada por muitos militantes, de que todos os portugueses eram necessariamente inimigos. Samora recusou-se a aceitar esta noção e não permitiu que as suas forças cometessem atos aleatórios de violência contra os colonos europeus e os seus descendentes.[24] Em algumas zonas, os comandantes estabeleceram um relacionamento com missionários europeus e colonos portugueses que compreendiam a luta do movimento. Samora desenvolveu uma estreita relação pessoal com Manuel Braz da Costa, um agricultor português do Niassa que forneceu mantimentos e informações sobre o movimento das forças coloniais.[25]

Também foram proibidos os maus-tratos contra os prisioneiros de guerra portugueses.[26] Esta situação contrastava fortemente com as torturas, bem documentadas e generalizadas, dos prisioneiros e simpatizantes da FRELIMO levadas a cabo pelas forças portuguesas Nas publicações, discursos, discussões e encontros da FRELIMO com jornalistas estrangeiros, Samora destacava regularmente o tratamento humanitário dispensado pela FRELIMO aos soldados portugueses capturados — o que se revelou uma excelente propaganda, desafiando a afirmação de Lisboa de que os insurgentes eram pouco mais do que "terroristas negros". A FRELIMO recebeu elogios de ativistas da Europa Ocidental e da América do Norte, que organizaram protestos anticoloniais nas comunidades afro-americanas, nas igrejas progressistas, nas universidades e nas assembleias de trabalhadores.[27]

A superação destes quatro desafios permitiu à FRELIMO avançar lentamente em direção ao norte de Moçambique. Ao eliminar a presença portuguesa nestas zonas, desmantelando a administração colonial, era necessário estabelecer novas estruturas revolucionárias, que se tornaram a base de organização das zonas libertadas.

As Zonas Libertadas e Aldeamentos: Um Campo de Batalha

As vastas e escassamente povoadas regiões do norte de Moçambique foram os principais campos de batalha entre a guerrilha e o regime português. Ambos os lados deram prioridade à reorganização da sociedade rural e à "proteção" das comunidades sob o seu controlo, embora as suas estratégias fossem muito diferentes. Para a liderança da FRELIMO, as zonas libertadas proporcionavam uma oportunidade para começar a transformar as relações sociais e económicas no meio rural. Já os planificadores coloniais queriam deslocar centenas de milhares de camponeses para aldeias estratégicas, para isolar os guerrilheiros da FRELIMO da sua base de apoio camponesa, privando-os de alimentos, informação e novos recrutamentos.

O duplo desafio de Samora implicava criar novas relações com comunidades camponesas nas zonas libertadas e reassentar os camponeses que fugiram, individualmente ou em comunidade, das zonas ainda sob domínio português. Nos locais onde os guerrilheiros substituíram o regime colonial, principalmente nas áreas norte dos territórios de Cabo Delgado, Niassa e Tete, a FRELIMO estabeleceu zonas libertadas. Segundo Teresa Raica, que veio do distrito de Maúa, no Niassa, o objectivo da FRELIMO era conquistar por todos os meios os corações e as mentes, e recrutar pessoas mais jovens para a luta:

> *No início, fui enviada para a base Gungunhana e trabalhei como cozinheira. Depois atingi uma certa idade, altura em que treinei na base de Mswisisi. Eu estava com homens e outras mulheres. Estávamos todos juntos, independentemente da nossa origem étnica. Cada um falava a sua própria língua. Não havia pessoas idosas. A maioria estava na casa dos 20 anos. Cultivávamos mandioca, mapira e legumes nas machambas pertencentes à cooperativa. Eu estava feliz com a minha vida*

porque a escolhi. Aqueles que foram recrutados à força não tentaram fugir porque muitos deles começaram a simpatizar com as opiniões políticas da FRELIMO depois de participarem em reuniões e treinos. Eu dizia sempre às pessoas que eram capturadas e trazidas para a base: "Isto é para o vosso próprio bem. Isto é para nós sermos livres". "Temos de expulsar os brancos". Vamos lutar juntos, para podermos viver onde quisermos". As pessoas que se encontravam na base sempre disseram que a unidade significava libertar-nos a nós próprios. Socialismo? Não sei o que isso é.

A convicção persistente de que o objetivo era "correr com os brancos" sugere que, tal como Raica, muitos camponeses das zonas libertadas, mesmo depois de participarem em sessões de educação política, tinham apenas um entendimento superficial da ideologia da FRELIMO.

A FRELIMO organizava reuniões periódicas para envolver o campesinato, dando voz às preocupações dos aldeões e elevando a sua consciência política. Não havia nada que Samora valorizasse mais do que sentir-se ligado ao povo, mesmo quando estes encontros se prolongassem pela noite dentro, ou até de madrugada. No fim de cada reunião, ele exortava os seus interlocutores a substituir os chefes que haviam sido leais aos portugueses, por líderes eleitos pelo povo que presidissem às reuniões locais, definissem normas de comportamento e organizassem a produção coletiva.

A educação como meio de combate ao analfabetismo e à superstição foi fundamental no modo como Samora pensava o desenvolvimento da democracia popular, tendo promovido vigorosamente programas de educação nas zonas libertadas.[29] Trabalhando com a população local, os professores da FRELIMO criaram uma infraestrutura educativa embrionária em lugares onde poucas escolas, ou mesmo nenhumas, existiam. Em 1966, mais de dez mil alunos frequentavam a escola primária — número que triplicou nos quatro anos seguintes. Um número maior de adultos frequentou aulas de alfabetização, que estavam demasiado superlotadas e careciam de manuais e professores.[30] Esta foi a primeira oportunidade para muitos moçambicanos aprenderem a ler e a escrever — e serem expostos à ideologia revolucionária da FRELIMO.

Em várias ocasiões, Samora contou a história de um soldado português capturado que, para espanto dos guerrilheiros da FRELIMO, não sabia escrever o seu nome nem ler. Quando o prisioneiro recebeu uma caneta e papel, ele "simplesmente desenhou linhas e riscas, não havia letras, nem alfabeto. Estávamos a tentar perceber se era árabe, asiático, indiano ou chinês... Por isso pedimos-lhe que lesse para nós e ele respondeu que não sabia ler."[31] A história era esclarecedora, pois tanto sublinhava as poucas oportunidades educativas disponíveis para os portugueses pobres das zonas rurais, como desafiava a crença, comum entre os camponeses moçambicanos e entre os próprios guerrilheiros, na superioridade dos europeus.

Apesar da grave escassez de médicos, enfermeiros e outros profissionais de saúde africanos, Samora e os seus camaradas conseguiram introduzir um sistema de cuidados de saúde rudimentar nas zonas libertadas,[32] que, necessariamente, favoreceu a medicina preventiva. A FRELIMO reportou que em 1966 vacinou mais de cem mil camponeses contra a varíola em Cabo Delgado.[33]

O sistema agrícola colonial que privilegiou a produção de algodão para a metrópole em detrimento da agricultura familiar moçambicana, originou recorrentes carências alimentares e períodos de fome.[34] Pelo contrário, a FRELIMO incentivou a produção coletiva de alimentos básicos para as famílias e para os militantes. Em certas zonas de Cabo Delgado, os camponeses trabalhavam a terra em conjunto e partilhavam a produção e os lucros em partes iguais. Noutras áreas, mantinham o controlo sobre as suas próprias parcelas, mas trabalhavam vários dias por mês numa *machamba* coletiva, cultivando alimentos para os militares. Porque Samora acreditava que o trabalho coletivo ajudava a cimentar a unidade entre os combatentes e as populações locais, os guerrilheiros juntavam-se esporadicamente aos camponeses para cultivar nas *machambas* coletivas.[35]

Apesar de beneficiaram por estar nas zonas libertadas, as populações viviam em condições difíceis e precárias. Tinham de lidar com as ameaças de ataques portugueses, com carências várias, com as sessões intensas de educação política, os longos dias de trabalho e a disciplina militar imposta pela FRELIMO, que organizava o quotidiano dos camponeses de forma muito diferente do que estavam habituados. Alguns fugiram, sozinhos ou com chefes descontentes, enquanto outros foram seduzidos por promessas de comida, vestuário e de amnistia, trazidas pelos portugueses.[36]

Não obstante, a vida nas zonas libertadas era consideravelmente melhor do que a da maioria dos moçambicanos forçados a reassentar-se em aldeias estratégicas portuguesas (os aldeamentos), eufemisticamente conhecidas por "aldeias protegidas."[37] O reassentamento forçado de comunidades dispersas e a designação das vastas áreas despovoadas como "zonas de fogo livre", onde os militares poderiam disparar contra alvos em movimento, agravaram o ressentimento contra os portugueses.[38] Os funcionários do governo estimaram que em 1973, 67 por cento da população africana do Niassa, e quase metade da de Cabo Delgado, fora transferida das suas terras históricas para os aldeamentos.[39] À medida que a guerra se agravava, as expulsões tornavam-se mais apressadas e caóticas; comunidades inteiras eram retiradas das suas terras a qualquer momento, nalguns casos antes de terem sido construídas quaisquer habitações nos locais de reassentamento.[40] Durante uma conversa invulgarmente franca com jornalistas australianos, um comandante militar português vangloriou-se de que a coacção não tinha limites: "Vamos dar aos pretos duas semanas para virem para as aldeias fortificadas. Se não o fizerem, matamo-los."[41]

Figura 4.1. Eduardo Mondlane. O primeiro presidente da FRELIMO. (CDFF).

Figura 4.2. Guerrilheiros da FRELIMO a treinar.

Figura 4.3. Josina Machel (CDSM)

Figura 4.4. Samora e Joaquim Chissano com guerrilheiros da FRELIMO (CDSM).

Figura 4.5. Uma mulher nas zonas libertadas oferecendo uma papaia a Samora

O Custo da Guerra

O conflito militar estava a evoluir a favor da FRELIMO.[42] Em 1970, as suas forças resistiram a uma grande contra-ofensiva aérea e terrestre portuguesa, conhecida por operação Nó Górdio. Em 1973, milhares de guerrilheiros combatiam no interior de Moçambique. Em 1974, as forças da FRELIMO conseguiram, pela primeira vez, atravessar o rio Zambeze e abrir frentes em Manica e Sofala, na estratégica região central da colónia. A posição de Lisboa foi ainda mais prejudicada pela crescente pressão internacional, desencadeada pelo massacre de quatrocentos aldeões em Wiriyamu, na província de Manica, em 1972.[43] Com o conflito sem fim à vista, os oficiais portugueses que derrubaram o governo fascista português em 25 de Abril de 1974, encetaram negociações com a FRELIMO para pôr termo à guerra.

No entanto, era um erro presumir que a FRELIMO ganhara a guerra, ou mesmo que a vitória estava próxima. As reivindicações dessa inevitabilidade— que se tornaram parte da narrativa patriótica após a independência — escamoteiam as dificuldades no terreno. A guerrilha sofrera pesadas baixas, tanto de homens como de material.[44] A guerra ceifou a vida de destacados dirigentes, entre os quais Eduardo Mondlane, Filipe Samuel Magaia e Samuel Kankhomba; outros, como Uria Simango e Lázaro Nkavandame, tinham desertado.

Samora sofreu com a perda de muitos camaradas, mas sobretudo de Eduardo Mondlane, seu mentor e herói. Alberto Chipande, que deu a notícia a Samora em Nachingwea, lembra-se dele "[a prostrar-se] no chão quando lhe contei. Eu nunca o tinha visto chorar. Ele gritava."[45]

A luta também foi difícil para Samora e Josina. Pouco depois do casamento, Samora regressou ao campo de batalha. De lá escrevia regularmente, descrevendo o seu orgulho em tudo o que Josina conquistara, lamentando estar afastado dela e do filho durante períodos tão longos, e reconhecendo como a sua ausência complicara a sua vida.[46] Estas cartas exprimiam um profundo amor, tal como a saudação de despedida — "Beijo-te apaixonadamente Joze" — com a qual sempre terminava. Samora estava especialmente preocupado com a saúde precária de Josina e apelou para que ela não deixasse que o fardo da luta a desgastasse. Mas Josina insistiu em trabalhar com órfãos de guerra e mães solteiras, mesmo depois de ter contraído leucemia.

No dia 7 de Abril de 1971, Josina, mulher de Samora há apenas dois anos, morreu aos vinte e seis anos de idade. A profundidade da dor de Samora foi expressa no poema que escreveu como tributo à esposa e amante, um texto que também revela como as manifestações pessoais de dor foram permeáveis pelo discurso revolucionário:

Josina, tu não morreste porque assumimos as tuas preocupações e elas vivem em nós.
Não morreste porque os interesses fundamentais que defendias foram integralmente recebidos por nós como herança
Definitivamente te separaste de nós, e a tua arma e a mochila que deixaste, esses teus instrumentos de trabalho, fazem agora parte da minha carga.
A Revolução alimenta-se do sangue dos seus melhores, daqueles que mais amamos
Assim a missão do teu sangue: fazer dele o exemplo vivo a ser assumido, misturá-lo profundamente à terra criadora, para que ele nunca seja inútil
A minha alegria é que como patriota e mulher morres duplamente livre neste tempo em que cresce o poder novo e a mulher nova.[47]

Samora também enfrentou longos períodos de separação do seu filho. Quase imediatamente após o funeral de Josina, regressou ao campo de batalha, deixando Samito em Nachingwea, sob os cuidados das "tias".[48] Estes cuidados revelam a dimensão do parentesco político da "família" FRELIMO e a importância das redes sociais femininas que permitiam aos homens ir para a guerra. Algumas vezes por ano, Samora regressava a Nachingwea para passar algum tempo com Samito. Apesar de ter apenas vagas recordações do pai, Samito lembra-se com carinho de brincarem nas praias perto de Dar es Salaam, de nadarem no Oceano Índico, de visitavem a reserva de caça em Arusha, e até de viajarem de avião até Zanzibar.49 Para Samora, que não tinha contato com os cinco filhos no sul de Moçambique, Samito era uma preciosa lembrança de tudo aquilo por que lutava.

No mato, sem a sua família e amigos próximos, passou a maior parte do seu tempo a delinear estratégias militares e a pô-las em prática. Quando não estivesse em batalha, lia, escrevia poesia, rabiscava uns desenhos e seguia um regime de exercícios diários para manter a forma física. Era também um criador de listas inveterado, o que não constituía surpresa, dada a sua personalidade estruturada e disciplinada.

Os Acordos de Lusaca e as suas Repercussões

O golpe de estado português, perpetrado pelo Movimento das Forças Armadas, foi liderado por oficiais subalternos dissidentes que se opunham à continuação das guerras coloniais. Após o derrube de Marcelo Caetano, o sucessor de Salazar por este escolhido a dedo, o General António Spínola foi nomeado como o novo chefe do Estado. Spínola desejava acabar com as guerras africanas, mas não tinha intenção de conceder a independência às colónias. Pelo contrário, idealizava uma Comunidade Lusófona na qual Moçambique,

Angola, Guiné-Bissau e Cabo Verde permaneceriam sob o controlo de Lisboa, com alguma autonomia local.

Samora e os seus camaradas foram apanhados desprevenidos. Quando souberam da notícia do golpe de estado, estavam a planear a fase seguinte da guerra de guerrilha, que assumiram duraria mais uma década. Segundo recordou Óscar Monteiro,

> *Estávamos em Nachingwea e eram cerca das nove e meia da manhã. Estávamos a fazer uma pausa entre as aulas. Gideon Ndobe correu para anunciar que tinha acabado de ouvir na rádio em ondas curtas que poderia ter havido uma tomada de poder pelos militares em Lisboa... À uma da tarde, Samora tinha reunido o Comité Executivo da FRELIMO e oficiais do Estado-Maior para formular a nossa resposta. Em poucas horas, tínhamos preparado uma declaração em que afirmávamos o nosso apoio às forças democráticas em Portugal, mas insistíamos que não tínhamos pegado em armas para nos tornarmos portugueses negros numa democracia liberal. Até Lisboa concordar com a independência moçambicana, nós continuaríamos a luta armada.*[50]

Dois meses depois, o Movimento das Forças Armadas propôs um cessar-fogo imediato. Numa reunião em Lusaca, organizada pelo Presidente Kaunda, Mário Soares, o novo ministro socialista dos Negócios Estrangeiros de Portugal, reiterou o apelo ao fim dos combates e à realização de um referendo nacional para determinar o futuro de Moçambique. Embora Kaunda tenha apoiado a proposta, a FRELIMO rejeitou-a, porque não reconhecia o direito do povo moçambicano ser independente, nem que o poder deveria ser imediatamente transferido para a FRELIMO. Incapazes de resolver as divergências, as partes concordaram em reunir-se novamente nos meses seguintes.

Entretanto, Samora instituiu uma campanha em três frentes: militar, diplomática e psicológica. Ordenou ao comando geral que intensificasse o esforço de guerra, abrindo uma nova frente na Zambézia, a província mais populosa da colónia. Aí, aproximadamente mil soldados portugueses desertaram, face aos ataques da FRELIMO. Em agosto, a FRELIMO obteve uma vitória retumbante em Cabo Delgado. Utilizando as armas mais sofisticadas do seu arsenal, incluindo artilharia russa e lança-foguetes, os guerrilheiros bombardearam o bastião português em Milele, capturando 126 soldados. Enquanto os negociadores portugueses insistiam que a invasão da base era uma violação do espírito de Lusaca, Samora referiu que o cessar-fogo implicava a vontade de Lisboa de aceitar uma transferência do poder.[51] O Chefe do Estado-Maior português, por sua vez, admitiu que as forças armadas já não tinham vontade de lutar.[52]

Nessa altura, Samora participou na reunião da Organização da Unidade Africana, realizada em Mogadíscio, para granjear apoios. Considerou então que, dada a mudança no poder, o tempo para um referendo já tinha passado há muito: "Não se pergunta a um escravo se ele quer ser livre, especialmente depois de se ter rebelado, e menos ainda quando se é dono de um escravo."[53]

Samora também se dirigiu à comunidade portuguesa de Moçambique, apelando a uma reconciliação sem recriminações. Numa emissão radiofónica enviada da Tanzânia para Moçambique, Samora afirmou que "a FRELIMO pertence ao povo moçambicano" e que "nas nossas fileiras há espaço e trabalho para cada mulher e homem moçambicano, para todos aqueles que desejem ser moçambicanos, incluindo aqueles que, embora não nascidos aqui, queiram conhecer e construir o novo Moçambique."[54]

Após uma reunião secreta na Holanda por iniciativa dos portugueses, as negociações recomeçaram em Lusaca.[55] A

FRELIMO exigiu a independência e rejeitou a atribuição de qualquer papel a organizações africanas anti-FRELIMO, alegando que lhes faltava apoio popular e que a sua presença acabaria por conduzir a um sistema neocolonial.[56] Por fim, os negociadores portugueses concordaram, mas a FRELIMO teve de aceitar importantes concessões económicas, incluindo o direito de Lisboa manter a propriedade e o controlo sobre a gigantesca barragem de Cahora Bassa, até Moçambique reembolsar a dívida de 500 milhões de dólares contraída por Portugal para a construção.[57] Deste modo, a FRELIMO foi incapaz de quebrar as cadeias coloniais de dependência — o que levou Aquino de Bragança, um dos conselheiros de Samora, a alertar que Moçambique poderia acabar como muitas outras nações africanas, isto é, "com independência, mas sem descolonização."[58]

Novamente reunido em Lusaca a 7 de Setembro de 1974, o Movimento das Forças Armadas concordou em transferir o poder para a FRELIMO no prazo de um ano. Treze dias depois, foi constituído em Lourenço Marques um governo de transição, liderado por Joaquim Chissano e composto por seis representantes da FRELIMO e quatro oficiais portugueses.

Apesar das garantias de Samora, as notícias sobre o Acordo de Lusaca suscitaram receios imediatos na comunidade portuguesa de Moçambique. No dia da assinatura, colonos de extrema-direita, que se autodenominaram Fico (Frente Independente de Convergência Ocidental) e Dragões da Morte, tentaram um golpe de estado na capital, que falhou. Apoiados por alguns comandos portugueses e por oficiais da PIDE, capturaram a principal estação de rádio e um jornal e explodiram um arsenal na periferia da cidade. Os moradores dos bairros de caniço levantaram-se contra este golpe. Houve cerca de sessenta civis mortos e mais de 450 feridos, antes de uma força conjunta de tropas portuguesas e da FRELIMO ter conseguido esmagar a rebelião, três dias depois.

Na véspera da independência, com rumores a circular sobre uma iminente invasão sul-africana ou rodesiana, Samora falou pela rádio e avisou que tal agressão iria suscitar uma resposta dos aliados da FRELIMO. Embora nenhum ataque se tivesse materializado, o regime rodesiano de Ian Smith começou a recrutar africanos que trabalharam para a PIDE ou servido na sua força de comando de elite, os Flechas. Foi esta a origem da Resistência Nacional Moçambicana, antecessora da RENAMO, que iria criar grandes problemas à nova nação durante a década seguinte.

Entretanto, a FRELIMO continuou a enfrentar uma oposição interna. Movimentos separatistas, como a União Nacional Africana de Rombézia, procuraram separar o norte de Moçambique do resto do país; e o movimento dos colonos brancos da Fico continuou ativo. Estes grupos contaram com o apoio do Malawi, da Rodésia e de elementos das forças armadas portuguesas. Chegaram mesmo a circular rumores de que a CIA estava a tentar ressuscitar o Comité Revolucionário de Moçambique, uma alegação que a embaixada americana refutou.[59] O arcebispo de Lourenço Marques, Custódio Alvim Pereira, um militante anticomunista, exortou do seu púlpito que os africanos deveriam "amar a vossa terra, que é Moçambique, integrada com Portugal" e advertiu que "os atuais movimentos de libertação africanos são contra a Igreja."[60] Por sua vez, nacionalistas como Uria Simango continuaram a insistir que o poder político e económico devia estar nas mãos da maioria africana e que a FRELIMO representava os interesses dos brancos, mulatos e assimilados.

Samora reconheceu que estas questões explosivas não eram apenas um resquício do passado. Na véspera da independência, escreveu: "No decorrer da luta, a nossa grande vitória foi a transformação da luta armada pela libertação nacional numa revolução. Por outras palavras, o nosso objectivo final na luta não é içar uma bandeira diferente da portuguesa, ou... colocar um presidente negro no Palácio da Ponta Vermelha em Lourenço Marques, no lugar de um governador branco. Afirmamos que o nosso objectivo é conquistar a independência total, estabelecer o poder do povo, erguer uma nova sociedade sem exploração, para benefício de todos aqueles que se identificam como moçambicanos."[61]

Em seguida, empreendeu uma viagem de um mês realizada num velho avião movido a hélice, que o levou desde o Rio Rovuma, no extremo norte, até ao Rio Maputo, no sul. Viajando com o seu filho Samito e com Nyeleti Mondlane, a filha do seu antecessor assassinado, aterrou em todas as províncias, visitando cidades e vilas de forma a conquistar os céticos. Samora sabia como "ler" o seu público. No local do massacre de Mueda, falou com segurança, dirigindo-se a um público aparentemente desconfiado: "Parece que todos estão com medo, mas os administradores já não estão aqui, certo? Ontem foi a bomba que fez barulho, mas agora é a nossa vitória."[62]

Para a maioria dos moçambicanos, o inimaginável estava a acontecer. Um homem negro estava a tomar as rédeas do poder. Mas Samora não era um negro qualquer, mas um negro vestido de guerrilheiro, que compreendia o seu sofrimento e os seus anseios, que não falava apenas desde um palanque distante, mas que entusiasticamente se embrenhava no meio das multidões para abraçar os mais idosos e dançar com todos, jovens e velhos.

O discurso do dia 14 de junho realizado na estratégica cidade da Beira, um reduto colonial e sede de uma coligação informal de forças anti-FRELIMO e de grupos de colonos brancos, revelou as suas habilidades oratórias. Milhares de pessoas, muitas provenientes dos bairros pobres da periferia, vieram para o ouvir. Ele dirigiu-se à audiência, usando o que Colin Darch e David Hedges chamaram de "português moçambicano — uma língua libertadora, falada em frases curtas e repetitivas, numa gramática simplificada, fundida com palavras, imagens e o ritmo das línguas africanas."[63] Em diversos momentos perguntava ao público, após uma dada afirmação, se estava a descrever com precisão a opressão que sofreram durante o colonialismo.

Na noite de 24 de junho de 1975, milhares de moçambicanos entraram no Estádio da Machava, situado na capital, para assistir ao arriar da bandeira portuguesa e à transferência de poder para a FRELIMO. Samora liderou a multidão na interpretação do hino nacional, enquanto Alberto Chipande, que tinha disparado o primeiro tiro em Chai, hasteou a bandeira moçambicana. Com familiares, amigos e militantes a aplaudir entusiasticamente, Samora declarou "a independência total e completa de Moçambique". Houve uma explosão de pandemónio, as pessoas choraram, e as celebrações irromperam por todo o país entre os que acompanhavam a cerimónia pela rádio. Raul Honwana, pai de quatro militantes da FRELIMO, resumiu a euforia coletiva dentro do estádio: "Às zero horas do dia 25 de junho, aos setenta anos de idade, testemunhei, com incrível emoção, o momento da proclamação da independência da nação soberana de Moçambique."[64]

Este deve ter sido um momento amargo e doce para Samora. O sonho de um Moçambique livre estava realizado. Ele tornara-se a personificação da revolução: na África do Sul, estudantes negros inspiravam-se no seu exemplo e gritavam o seu nome, enquanto celebravam nas ruas de Durban e na Universidade do Norte.[65]

Contudo, Samora tinha pago um preço pessoal elevado. Perdeu muitos camaradas, incluindo Mondlane e Josina. Não via os seus quatro filhos mais velhos há muitos anos. Dois meses antes, a sua mãe falecera[66] e o desejo de partilhar este momento com ela também morreu. Acima de tudo, Samora estava perfeitamente consciente dos problemas urgentes que o seu governo teria de enfrentar no dia seguinte.

5. POLÍTICA, PERFORMANCE E PODER POPULAR, 1975–CA. 1977

Samora instruindo membros
do Destacamento Feminino da FRELIMO.
Cortesia do Centro de Documentação
Samora Machel (CDSM).

Na véspera da proclamação da independência, o Comité Central da FRELIMO ratificou a primeira constituição de Moçambique. Esta estabelecia que o seu presidente seria o presidente da nação. Para distinguir o movimento de libertação do partido político no qual ele se tinha transformado, tornou-se prática comum referir-se ao partido como a "Frelimo".

Aos quarenta e dois anos, o Presidente Samora entrava em águas desconhecidas, já que ele e o recém-nomeado governo enfrentavam problemas herdados e novos desafios. A ordem de trabalhos da primeira manhã levou Samora e militares de alta patente a reunir-se com uma delegação chinesa ao pequeno-almoço, procurando, sem sucesso, obter armas sofisticadas para proteger a nova nação dos ataques da Rodésia e da África do Sul.

À semelhança de outros países africanos recentemente independentes, Moçambique enfrentou o analfabetismo, a pobreza, as clivagens étnicas e regionais, o subdesenvolvimento, bem como o desafio de organizar um estado capaz de combater estes males. Outros problemas, entre os quais alguns que a FRELIMO já conhecia, surgiram especificamente da experiência moçambicana. Como iria a Frelimo criar um sentimento de unidade nacional e ultrapassar uma história de especificidades étnicas e regionais, agudizada pela propaganda colonial? Como deveria lidar com questões emocionalmente pesadas, como as da raça e da identidade nacional? Como disseminaria o apoio popular alcançado nas zonas libertadas e entre simpatizantes clandestinos, particularmente em Lourenço Marques, por outras partes do país, quando já não havia um opressor comum?

A promessa de Samora de evitar as ciladas do "tribalismo" e do neocolonialismo também colocou sérias questões ideológicas e práticas. Como é que uma frente cujos membros por vezes não estavam de acordo sobre o futuro do Moçambique independente, construiria uma nação de populações heterogéneas, muitas das quais com um contacto limitado entre elas? Como é que a Frelimo daria sentido à noção, algo vaga, de Poder Popular? Quais as formas mais eficazes para transformar a economia colonial de Moçambique, idealizada para beneficiar a metrópole, numa economia que servisse o povo moçambicano — especialmente depois da fuga dos colonos portugueses, que praticamente monopolizaram o acesso ao ensino e a cargos de direção?

As permanentes ameaças da Rodésia e da África do Sul dificultaram consideravelmente a procura de soluções. Ambos os regimes brancos consideravam os estados africanos negros independentes nas suas fronteiras como ameaças existenciais. Durante a luta armada, a Rodésia enviou tropas para Moçambique para ajudar os portugueses e criou a Resistência Nacional Moçambicana — composta essencialmente por membros descontentes da FRELIMO, antigos soldados coloniais e outros que colaboraram com os portugueses — que se envolveram em atos terroristas, antes mesmo da tinta que firmou o Acordo de Lusaca ter secado. Pouco depois da independência, Magnus Malan, chefe das Forças de Defesa Sul-Africanas, avisou o presidente Machel que "se fosse ameaçado", as suas tropas poderiam ocupar a capital em menos de um dia. Os receios do regime do *apartheid* em relação à Frelimo eram bem fundados. Durante a revolta do Soweto de 1976, estudantes do ensino secundário saíram à rua cantando o slogan da Frelimo "A luta continua", um alerta gráfico de como a libertação de Moçambique capturara a imaginação de jovens militantes sul-africanos.

Agora, em discursos, textos e entrevistas, Samora concentrou-se nos desafios da construção da nação e do estado e na transformação da sociedade moçambicana. Tanto o poder das suas ideias como o estilo da sua atuação pública cativaram os seus seguidores e fizeram avançar o programa da Frelimo. Todavia, esta agenda ampla não pertencia apenas de Samora.

Embora ele representasse a face da nação e o primeiro entre iguais, a liderança da Frelimo incluía outros pensadores críticos e personalidades fortes — Marcelino dos Santos, Joaquim Chissano, Armando Guebuza, Jorge Rebelo e Óscar Monteiro, apenas para citar alguns — que tinham as suas próprias ideias sobre o rumo da revolução. Todos eram membros do Bureau Político da Frelimo que deu um rumo ao partido, moldou a política do estado e dirigiu os ministérios.

Samora promoveu vigorosamente reformas sociais na educação, saúde e habitação e foi um defensor da igualdade de género. Procurou obter o apoio dos seus aliados socialistas para permitir que a nova nação independente conseguisse superar as realidades dramáticas de um país predominantemente pobre e subdesenvolvido, rodeado de vizinhos hostis. Procurou ainda construir uma sociedade moderna na qual as vozes, os interesses e as aspirações dos operários e dos camponeses pudessem moldar as políticas do novo governo. Estes princípios corporizavam a noção de Poder Popular de Samora.

No entanto, instituir o Poder Popular era uma tarefa complexa, e Samora era um líder impaciente que não estava disposto a baixar as expetativas nem a tolerar a corrupção. Ele lutou para alcançar estes objetivos, mas nesta urgência de transformar a sociedade subestimou frequentemente as complexidades sociais no terreno. As lições das zonas libertadas, a ideia socialista expressa em discursos e cartazes, a sua popularidade e a euforia do momento, eram insuficientes para garantir uma transformação radical. E, assim, a sua administração raramente cumpriu os objetivos mais ambiciosos.

No entanto, durante os primeiros anos após a proclamação da independência, a vida da maioria dos moçambicanos melhorou. Foram-se as estruturas políticas coloniais que incutiam medo na vida diária — apesar dos abusos de poder do estado persistirem em menor escala, agora em nome da aplicação dos ditames revolucionários e moralistas da Frelimo. No Moçambique independente, os africanos já não eram espancados nas *machambas*, humilhados no local de trabalho, ou impedidos de entrar em restaurantes, clubes desportivos, ou teatros. Raramente sofriam humilhações raciais e não eram forçados a viver em bairros de caniço segregados ou em aldeias estratégicas cercadas por arame farpado. Milhões de moçambicanos tinham agora acesso à educação e a cuidados de saúde, antes apenas disponíveis para uma pequena elite. Para os moçambicanos de origem asiática, não havia receio de expulsão, como acontecera no Uganda e no Quénia.

As transformações políticas, sociais e económicas iniciadas pelo governo de Samora estavam organicamente ligadas; as políticas prosseguidas num certo domínio tiveram efeitos profundos, por vezes não intencionais e contraditórios, noutros aspetos da vida moçambicana. Enquanto as pessoas foram incentivadas a votar nas eleições locais, a Frelimo ilegalizou todos os partidos rivais. As campanhas para abolir a poligamia e o dote (lobolo), tiveram um impacto emancipador na vida de milhões de mulheres, mas antagonizaram muitos homens, os defensores da tradição e algumas mulheres mais velhas. Entretanto, o compromisso de Moçambique com as lutas de libertação dos países vizinhos — apoiado pela maioria dos moçambicanos – deu origem a um reino de terror, apoiado pela Rodésia e África do Sul, que atravessou parte significativa das zonas rurais e destruiu muitas das iniciativas da Frelimo.

Samora também enfrentou o desafio pessoal de reconstituir a família, cuja maioria dos membros não via há mais de uma década. Os seus cinco filhos viviam em três famílias diferentes, e muitos deles só foram informados sobre a identidade do pai na véspera da independência, o que dificultou o processo. Olívia Machel, a terceira filha mais velha, ouviu falar pela primeira vez de Samora nos meios de comunicação social controlados pelo estado colonial, onde foi tratado como um "notório líder terrorista". Como recordou mais tarde, "nasci em 1961 e o meu pai partiu quando eu tinha menos de dois anos. Não me lembrava dele. Não tínhamos qualquer tipo de comunicação. O meu tio materno mudou o meu apelido e o do meu irmão para Tchikomo para nos proteger da PIDE. Em 1973, a nossa mãe explicou que Samora e a FRELIMO não eram terroristas, mas que lutavam pela independência de Moçambique. Um ano depois, a minha avó paterna veio a Lourenço Marques para tratamento de saúde e disse-me que Samora era o meu pai."[1]

Construir uma Nação

À semelhança de muitos outros países africanos colonizados, as fronteiras de Moçambique foram traçadas arbitrariamente durante as negociações entre Portugal, a Grã-Bretanha e a Alemanha. Estes acordos ignoravam por completo as histórias e culturas dos inúmeros grupos étnicos residentes em Moçambique, cujos membros mantiveram a sua identidade social após a independência.

O desafio da construção da nação foi ainda mais dificultado devido à fraca presença da Frelimo em grande parte do centro e do sul do país — especialmente na Beira e em Maputo, as duas principais cidades moçambicanas, onde os valores e práticas coloniais estavam mais profundamente enraizados e uma variedade de grupos de oposição tentavam subverter a legitimidade do partido. Milhões de moçambicanos tinham apenas uma ideia muito vaga da mensagem e da ideologia da Frelimo, o que obrigou o governo de Samora a rapidamente criar uma nova coesão social, que estabelecesse um elo de ligação entre indivíduos de diversas comunidades, religiões e grupos étnicos e a nação emergente. Samora reconheceu que esta nova "comunidade imaginada" era simultaneamente um artefacto político e cultural — difícil de construir e mais difícil ainda de sustentar.[2]

No discurso no Dia da Independência, transmitido pela rádio em todo o país, Samora abordou apaixonadamente o significado da identidade e da cidadania nacionais. "Não reconhecemos tribos, regiões, raças nem crenças religiosas. Só reconhecemos moçambicanos que são explorados da mesma forma e estão igualmente desejosos de liberdade e revolução". Sublinhando os perigos que estas lealdades anteriores representavam para a nova nação, advertiu que, "para estar unido, não basta afirmar que se está unido. É necessário travar uma batalha constante contra todas as situações e tendências de divisão."[3]

O princípio de que a cidadania não dependia da origem nem da cor da pele foi consagrado na nova Constituição de Moçambique, que interditava atos divisionistas e privilégios baseados na raça, género, origem étnica ou posição de classe. Imediatamente após a independência, a Frelimo iniciou campanhas contra o regionalismo étnico, o racismo e o sexismo. Emissões de rádio, artigos de jornal, bandas desenhadas, quadros de anúncios/jornais de parede, murais e *graffiti* sublinharam a mensagem de que "desde o Rovuma até ao Maputo, somos todos moçambicanos".

Mais do que os slogans, porém, eram os atos que demonstraram este empenho. Um exemplo ilustra o compromisso de Samora em propagar os benefícios da independência. Pouco depois da libertação, Fidel Castro ofereceu-se para formar novecentos médicos, engenheiros e cientistas moçambicanos. Depois de convencer Fidel Castro a aumentar esse número para doze mil ao longo de uma década, Samora anunciou que 120 jovens de todas as raças e religiões seriam selecionados anualmente, em cada uma das dez províncias de Moçambique, para receberem formação em Cuba, devendo depois regressar às suas províncias para trabalhar.[4] Conseguiu igualmente que outros estudantes prosseguissem com os estudos na Europa do Leste, um primeiro passo importante para reduzir o fosso educacional entre os moçambicanos do Norte e os do Sul, estes historicamente mais privilegiados.

A luta contra o racialismo foi outra componente central da visão da Frelimo. Quando chegámos a Maputo em 1977, uma das primeiras coisas que nos chamou a atenção foi um enorme cartaz que mostrava braços de pretos e de brancos abraçando-se. A legenda de cartaz afirmava: "Abaixo o racismo".

Samora selecionou destacados guerrilheiros e simpatizantes clandestinos da FRELIMO, independentemente da sua raça, para ocupar altos cargos na administração, incluindo no Conselho de Ministros e nas administrações provinciais. O Conselho de Ministros, com vinte pessoas, era composto por quinze negros e mestiços, três moçambicanos brancos e dois descendentes de goeses. Os rostos dos ministros estavam em destaque nos órgãos de comunicação social nacionais, reforçando a mensagem de que Moçambique se estava a tornar numa sociedade não racista.

Em contraste gritante com esta representação plurirracial, as mulheres estavam manifestamente ausentes da liderança do estado e do partido. A retórica sobre a igualdade de género e a necessidade de incluir as mulheres em todos os aspetos da luta revolucionária, não se traduziu no acesso aos círculos internos do poder. Havia apenas uma mulher no primeiro Conselho de Ministros — a noiva de Samora, Graça Simbine, nomeada Ministra da Educação.[5]

A construção de uma nação era um processo cultural e político. A transformação da sociedade exigia a popularização das dimensões culturais dos diversos grupos étnicos da nação, tornando-os, assim, parte da consciência nacional, ao mesmo tempo que se procurava interiorizar os valores revolucionários. Samora insistiu que esta síntese era a chave para a criação de uma identidade moçambicana distinta.

Tal como afirmou num discurso, "Que a arte procure combinar formas antigas com novos conteúdos, dando depois origem a novas formas. Que a pintura, a literatura escrita, o teatro e o artesanato artístico se juntem à cultura tradicional, à dança, à escultura e ao canto. Que a criatividade de alguns se torne a de todos, homens, mulheres, jovens e velhos, de norte a sul, para que a nova cultura revolucionária moçambicana possa nascer para todos."[6]

Estas exortações públicas foram um elemento essencial no seu esforço de "representar a nação" — uma tarefa realizada com grande satisfação.[7] Líder carismático e orador natural, estava no seu melhor em grandes reuniões ao ar livre. No palco, envergando o traje de guerrilheiro, com um sorriso contagiante e gabarolas, o sarcasmo mordaz em pleno, deixava o público maravilhado. Samora compreendeu o poder da imagem e o apelo ao orgulho nacional suscitados pelas suas atuações. Segundo as palavras de Luís Bernardo Honwana, chefe de gabinete de Samora, ele gostava personificar a revolução, inspirando esperança para o futuro da nação.[8] O seu hábito característico de recorrer a canções para cativar os seus ouvintes levou Fidel Castro a afirmar que Samora foi "o primeiro líder que já vi que consegue impor ordem às massas através de canções revolucionárias."[9]

Uma leitura atenta dos discursos e textos de Samora revela um projecto emancipador, associado a um tom puritano, que refletia a sua educação missionária. Em sucessivos discursos, enfatizou a retidão moral, o comportamento correto e a autodisciplina. Como referiu um historiador, os discursos de Samora "parecem sermões evangélicos... uma cruzada moral, e ao mesmo tempo uma revolução política."[10]

Uma simples leitura dos discursos de Samora não apreende a complexidade das suas ações públicas O seu repertório incluía o uso intencional da repetição, de uma gramática incorreta e da linguagem corporal, e uma interação com o público através da canção, do humor e do sarcasmo. Ele percebeu intuitivamente que as canções evocam emoções e memórias intensas, incutem um sentido de missão, autoconfiança e poder nos ouvintes, criando uma profunda ligação pessoal.

Em várias ocasiões, assistimos a comícios em que Samora silenciava os murmúrios da multidão irrompendo com a canção "Kanimambo, FRELIMO" (Obrigado, FRELIMO), cantando cada estrofe numa língua africana diferente. Seguir-se-iam uma ou duas outras canções, com maior frequência "Não vamos esquecer" ou "O povo organizado", com as multidões a cantar ou a cantarolar a melodia. Depois Samora levantava a voz e gritava um slogan revolucionário: "Abaixo o *Apartheid*" ou "Abaixo o *Xiconhoca*" (Xiconhoca era um personagem de banda desenhada que encarnava tudo o que era corrupto ou imoral durante o colonialismo e que persistia no novo Moçambique). A multidão respondia gritando "Abaixo!" As suas atuações eram tão convincentes que Kok Nam, o principal fotógrafo moçambicano, que acompanhava regularmente Samora, foi ouvido a gabá-lo dizendo que "Samora podia até convencer um cadáver."[11]

Como recordou o jornalista moçambicano Carlos Cardoso, "quando o povo fala do nosso presidente, não diz 'Samora Moisés Machel, presidente da Frelimo, presidente da República Popular de Moçambique. O povo diz 'Samora', ou 'Camarada Presidente'... com alegria, porque sente, sabe, que ele é seu camarada."[12] Talvez tenha sido Pinto de Abreu, um residente da Beira, que melhor resumiu a forma como Samora tocou a vida do cidadão moçambicano comum. Quarenta anos depois de conhecer Samora, quando ia estudar para Cuba, ainda se lembrava e celebrava esse breve encontro: "Esse dia foi fantástico para mim, não só porque tinha chegado tão perto de Samora, mas sobretudo porque fiquei tocado com a sua saudação carinhosa. Samora toca naturalmente com o seu caráter, com a sua presença mágica. Não foi um gesto de fabrico político ou de encanto que tivesse sido ensaiado no dia anterior, foi algo que veio espontaneamente de dentro dele, do seu coração."[13]

Samora despia regularmente o seu papel de pai da nação e de guardião moral para trabalhar ao lado do cidadão moçambicano comum. Em 1977, foi apresentado na capa da revista *Tempo*, o principal semanário do país, colhendo arroz numa machamba estatal em Gaza, juntamente com milhares de voluntários de Maputo. Jornais e painéis publicitários apresentavam-no periodicamente a trabalhar lado a lado com camponeses e operários.[14] Essas imagens projetavam para a nação a crença de Samora que o trabalho e a dignidade humana estavam indissociavelmente interligados. Fotografias como estas foram importantes pilares da iconografia nacionalista e socialista da Frelimo.[15]

Construção de um Estado: Política Pós-colonial

Para construir uma nação, era necessário um estado forte e eficaz ao serviço do bem comum. As habilidades e competências necessárias para travar uma luta de guerrilha e para construir um estado eram, porém, muito diferentes. Num momento de auto-reflexão durante o discurso que proferiu na Beira imediatamente antes da proclamação da independência, Samora reconheceu a grandiosidade desta tarefa, mantendo ao mesmo tempo a confiança no sucesso final da revolução: "A verdade é que compreendemos perfeitamente o que não queremos — repressão, exploração, humilhação — mas quanto ao que queremos e como o conseguir, as nossas ideias são necessariamente ainda vagas. Elas nascem da prática, são corrigidas pela prática. Vamos, sem dúvida, deparar-nos com reveses. Mas é a partir destes reveses que vamos aprender."[16]

A FRELIMO tinha pouca experiência de governo e apenas uma presença mínima em muitas regiões do país. Samora estava perfeitamente ciente do número reduzido de economistas, de pessoal médico, de juristas e de diplomatas no país. Reconheceu que muitos dos quadros mais qualificados estavam na casa dos vinte e tal, trinta anos, com poucos conhecimentos práticos sobre como organizar os ministérios para os quais foram nomeados, ou para governar as províncias.[17] Por todas estas razões, advertiu contra a romantização da luta armada e exortou os militantes a não cederem ao triunfalismo. A complacência, alertou ele, iria minar a revolução.[18]

Mobilizar os moçambicanos nas suas comunidades rurais, nos bairros urbanos e nos locais de trabalho, era uma tarefa que ultrapassava a capacidade do número relativamente pequeno de quadros da Frelimo. O trabalho fundamental de mobilização das massas recaía sobre as organizações de base, conhecidas como grupos dinamizadores, implementados pela primeira vez em Nachingwea durante a guerra. Estes grupos eram geralmente constituídos por cerca de doze simpatizantes eleitos da Frelimo. Para Samora, esta era a essência do Poder Popular.

Estivemos presentes em várias reuniões no nosso bairro de Maputo, organizadas pelo grupo dinamizador local. Para nós, as reuniões pareceram espontâneas, pouco regradas e demoradas. No entanto, elas possibilitavam discussões francas, por vezes acaloradas, sobre os vastos problemas que afetavam a comunidade. Os participantes levantavam diversas questões, que iam dos conflitos familiares e com os vizinhos a problemas sociais mais vastos, como as más condições sanitárias, a especulação na fixação de preços, o crime e a prostituição. Os grupos dinamizadores também organizavam festas e eventos culturais nos bairros e encorajavam os membros da comunidade a assistir a peças de teatro, a participar em marchas e em comícios de celebração do novo Moçambique.

Duas das funções mais importantes destes grupos eram transmitir a ideologia da Frelimo e ser os seus olhos e ouvidos. Eles explicavam e conduziam discussões sobre políticas de estado, promoviam o patriotismo e denunciavam os suspeitos de serem inimigos da revolução. Roberta Washington, uma arquitecta americana que trabalhava no Ministério das Obras Públicas e Habitação, descreveu as reuniões do grupo dinamizador realizadas ali todos os sábados, entre as 8 horas e o meio-dia: "Os cooperantes [como Washington] não precisavam de estar presentes, mas eu estava curiosa para acompanhar o que se passava, por isso assistia regularmente a essas reuniões. Por vezes, era a teoria marxista tornada enfadonha por pessoas que não tinham muito jeito para a explicar. Mas, sobretudo, era um momento para conversar e conviver com colegas e amigos. Só que durante esse período, os moçambicanos suspeitos de terem trabalhado com a PIDE eram obrigados a 'confessá-lo' perante todos; depois era simplesmente sinistro."[19] Apesar do domínio dos homens nestas reuniões, e das falhas e dos abusos de poder ocasionais, os grupos dinamizadores eram largamente aceites.

Antes de poder construir um estado forte e eficaz, a Frelimo necessitou de desmantelar as instituições coloniais. Um dos primeiros alvos foi a força policial. Para a substituir, a administração de Samora incentivou a criação de milícias nos bairros e nos locais de trabalho. O mandato dos Grupos de Vigilância Popular era o de "neutralizar a ação do inimigo, defender pontos vitais do sector produtivo da economia e detetar infiltrados que pretendiam minar a economia e o aparelho do estado". Muitos juntaram-se por razões patrióticas — para se defenderem dos traidores e protegerem locais estratégicos — enquanto outros se ofereciam para proteger as suas comunidades dos criminosos, alcoólicos e toxicodependentes. Os seus membros também obtiveram benefícios muito reais, incluindo o acesso preferencial aos cartões de abastecimento.[20] A fraca formação nestas milícias, a sua relativa autonomia e o seu fervor revolucionário resultaram, por vezes, em abusos de poder. Alguns elementos excessivamente zelosos prendiam cidadãos por infrações menores, por fazerem demasiado barulho, ou por demonstrações públicas de afeto. As mulheres de mini-saia e salto alto, confundidas por trabalhadoras do sexo, eram um alvo frequente.[21]

O sistema judicial foi igualmente uma prioridade. No âmbito das reformas jurídicas do período pós-independência, pela primeira vez os casos dos africanos foram julgados num tribunal constituído pelos seus pares. Isto contrastava radicalmente com o passado, quando as autoridades coloniais arbitrárias e os chefes nomeados pelo estado aplicavam uma certa combinação do "direito consuetudinário" e do código penal colonial.

O governo de Samora também rejeitou o uso em larga escala do encarceramento para punir quem violava as normas sociais. Ao invés, pouco depois da independência, foram criados centros de reeducação. A fé na pedagogia revolucionária e na justiça restauradora moldou o pensamento de Samora sobre o processo de reeducação, que remontava à luta armada.[22] A educação moral e política, assim como o desenvolvimento de uma ética laboral, eram a base para a reabilitação. Samora expôs a sua ideia nos seguintes termos: "O centro de reeducação deveria ser uma escola onde os conhecimentos profissionais deveriam ser transmitidos e aproveitados. É tarefa fundamental dos funcionários responsáveis pelos centros de reeducação conhecer a história de cada uma das pessoas reeducadas — a sua história de vida e a sua origem — a fim de compreender por que razão cometeu os seus crimes."[23]

Embora os campos de reeducação remontassem à luta armada, a sua organização e funcionamento efetivos no período pós-independência pouco tinham a ver com os princípios de Samora. Ele nomeou Armando Guebuza, comissário político da Frelimo, e um disciplinador muito rígido, para os supervisionar. Sob a sua direção, mais de quinze mil cidadãos moçambicanos foram detidos nos primeiros anos de independência por delitos menores ou comportamentos impróprios, incluindo o fabrico de cerveja, a prostituição e pequenos ilícitos. Muitos foram arbitrariamente encarcerados. A este grupo, juntaram-se antigos e novos dissidentes e opositores da Frelimo. Assim, enquanto se reestruturava o sistema legal para permitir aos africanos apresentar-se em tribunal, muitos "inimigos da revolução" foram severamente punidos sem julgamento.

Embora o estado tenha ilegalizado os partidos políticos, exceto a Frelimo, o voto foi um elemento importante do Poder Popular, porque envolveu os cidadãos no processo político. Todos os moçambicanos, excluindo quem havia trabalhado para a polícia secreta ou outras instituições coloniais repressivas, tinham o direito de votar. Entre Setembro e Dezembro de 1977, mais de vinte e dois mil homens e mulheres — todos apoiantes declarados da Frelimo — foram eleitos como deputados em 894 eleições locais.[24] Um repórter do *New York Times* que observou o processo eleitoral referiu então: "Se o entusiasmo abrandou noutros locais [de África], aqui é palpável. . . Há evidências de que o grau de mobilização e o propósito nacional aqui alcançado é grande e pode ser mais duradouro do que qualquer coisa que a África negra já conheceu."[25]

As alavancas do poder, no entanto, eram controladas nos bastidores. Reuniões vitais do Conselho de Ministros Nacional e do Comité Central do Bureau Político foram fechadas ao público e à imprensa, o que tornava impossível conhecer o alcance e a intensidade do debate, a dimensão das linhas de fratura ideológica, as fações concorrentes e as intrigas da corte. Assim, até aos últimos anos do domínio de

Samora, a Frelimo foi uma frente unida. Entretanto, dentro deste círculo bastante apertado, Samora podia incutir medo e ao mesmo tempo admiração. Um confidente observou que, por vezes, "todos nós tínhamos medo de um Samora calmo e não falador, com o seu olhar penetrante."[26]

As memórias de Hélder Martins, primeiro Ministro da Saúde de Moçambique, dão uma ideia do papel dominante de Samora, ao descrever brevemente o debate do Conselho de Ministros sobre a nacionalização do sistema de saúde. Martins recebera instruções de Samora para definir uma estratégia a longo prazo. Depois de estudar o problema durante mais de um ano, propôs o adiamento da sua implementação devido aos desafios logísticos e à escassez de pessoal formado. Samora pediu a cada membro do conselho que comentasse, ouvisse atentamente e fizesse muitas perguntas. Depois de todos terem concordado com Martins, Samora opinou que, se o governo não atuasse imediatamente, "dentro de dois anos todos teriam argumentos para procurar um novo adiamento". No final, prevaleceu a opinião de Samora.[27]

Samora era manifestamente o primeiro entre iguais. No entanto, há vários casos documentados de ministros que se pronunciaram contra as suas posições favoritas. Em 1978, Joaquim de Carvalho, Ministro da Agricultura, opôs-se ao plano de Samora para apoiar o sector familiar privado, bem como as grandes *machambas* (explorações agrícolas) estatais.[28] Numa outra ocasião, Teodato Hunguana, Ministro da Justiça, escreveu um memorando confidencial a Samora discordando da sua decisão de reintroduzir o castigo corporal, incluindo a prática colonial de aplicação de chicotadas.[29] Ambos os ministros foram demitidos, embora tenham sido posteriormente nomeados para ocupar outros altos cargos.

Por vezes, no entanto, Samora era um bom ouvinte. Convidava com frequência pessoas ou pequenos grupos para o palácio presidencial, onde, após o jantar, os incentivava a transmitir as suas preocupações, ou pedia-lhes conselhos. Em várias ocasiões, até reconsiderou políticas já em vigor, quando estava convencido de que estas eram incorretas ou ineficazes. Vários anos após o despedimento de Carvalho, João Ferreira, então Ministro da Agricultura, fez pressão, com sucesso, para que os escassos recursos existentes fossem redistribuídos do sistema fracassado de aldeias comunais para a agricultura familiar.[30] Aquino de Bragança, um intelectual liberal da Frelimo, discordou abertamente do presidente sobre uma série de questões em reuniões à porta fechada. E, apesar da tendência de Samora para desconfiar da imprensa, o repórter rebelde Carlos Cardoso podia colocar questões difíceis em público, confiante de que não lhe seria negado acesso no futuro. Segundo Graça Machel, Samora apreciava o intelecto de Cardoso e a sua vontade de discutir com o presidente.[31]

Uma das particularidades da vida política na era de Samora foi a ausência de corrupção ou de acumulação de riqueza pessoal por parte dos dirigentes do país. Samora vestia-se bem, mas não tinha contas bancárias na Suíça, nem palácios, iates, nem propriedades no estrangeiro. Os altos funcionários do governo e do partido mantinham um estilo de vida igualmente pouco pretensioso, embora vivessem consideravelmente melhor do que o cidadão moçambicano médio. Residiam em casas do estado abandonadas por portugueses ricos e tinham acesso a lojas especiais do estado, onde podiam comprar bens que normalmente não estavam disponíveis.[32] Os "filhos da revolução" também acediam às melhores infraestruturas de educação e saúde existentes em Moçambique e no estrangeiro.

Os membros das delegações oficiais que se deslocavam ao estrangeiro recebiam apenas três dólares por dia para despesas pessoais, enquanto o chefe da missão recebia mais dois dólares. Nas palavras de um antigo ministro, "a quantia mal chegava para comprar bugigangas para os meus filhos."[33] Antes de visitarmos a Suazilândia, perguntámos uma vez a uma amiga, esposa de um ministro, se queria que comprássemos alguma coisa para ela. Respondeu-nos envergonhadamente que adoraria um pouco de *biltong* (carne seca), mas que não tinha dinheiro para pagar. José Luís Cabaço lembrou-se que durante o seu mandato como Ministro da Informação foi obrigado a pedir a um italiano conhecido para lhe comprar pilhas para microfone, tão necessárias para o seu ministério, porque lhe faltava a moeda estrangeira para o fazer pessoalmente.[34]

Transformar a sociedade

Em jovem, Samora foi muito influenciado pela afirmação de Frantz Fanon de que o legado mais pérfido do colonialismo foi a "colonização da mente". Em 1977, ao receber o grau de Doutor Honoris Causa da Universidade Ahmadu Bello da Nigéria, Samora enfatizou que "o derradeiro esforço [do colonialismo] era fazer de cada moçambicano um assimilado, um pequeno português de pele negra", e definiu o colonialismo como uma violação cultural.[35] Ele acreditava que a democratização do conhecimento libertaria os moçambicanos das algemas do analfabetismo, da tirania da superstição e da arrogância cultural da educação missionária. A aprendizagem era um ato social reforçado pela prática diária, no agregado familiar, na comunidade e no local de trabalho, e a família era a instituição de ensino mais importante: "Todos nós temos responsabilidades. Educamos os nossos filhos, educamos a nossa juventude de várias maneiras. O comportamento dos pais, a forma como vivem em casa é mais importante do que as cinco horas [por dia] em que os alunos estão em contacto com os seus professores."[36]

Figura 5.1. Samora e o pai. Cortesia do Centro de Documentação Samora Machel (CDSM)

Figura 5.2. Samora com o Presidente Julius Nyerere, Kenneth Kaunda e Seretse Khama

Cortesia de António Alves Gomes.

Figura 5.3. O casamento de Samora com Graça Machel.

Figura 5.4. Samora com o presidente português António Ramalho Eanes

A posição ideológica e o pragmatismo de Samora converteram-no num forte defensor da libertação das raparigas e das mulheres pela educação. Em reuniões públicas por todo o país, juntou-se a representantes da Organização da Mulher Moçambicana para criticar os pais que conservavam as filhas em casa para trabalhar nas *machambas* da família e a preparar-lhes o casamento, mantendo-as, assim, ignorantes e dependentes, e privando a nação de uma força de trabalho devidamente qualificada.

Sob a direcção de Graça Machel, a administração de Samora iniciou um programa para expandir o acesso à educação e reorganizar o currículo. Numa entrevista concedida ao Allen e a Ian Christie, citou com orgulho estatísticas que demonstram como "hoje a educação é para todos... [e] gratuita. Em 1973, havia 588.868 alunos nas escolas. Cinco anos depois, este número aumentou mais de 100%."[37] O novo currículo suprimiu as referências às façanhas heroicas de Henrique o Navegador e à missão civilizadora da Igreja Católica. No seu lugar, enfatizou o rico património de Moçambique, a sua longa tradição de resistência, e como a colaboração da igreja com o estado colonial ocultou este passado.[38]

A aliança imoral entre a Igreja Católica e o estado colonial, que moldou negativamente o próprio desenvolvimento de Samora, convenceu-o a nacionalizar a propriedade da Igreja em 1976, e a eliminar o seu domínio sobre a educação dos africanos. Esta política magoou muitos simpatizantes cristãos da Frelimo e afastou outros.[39]

Samora salientou igualmente a importância estratégica da alfabetização de adultos. O facto de mais de 90 por cento dos moçambicanos não saber ler nem escrever, argumentou, privou-os a eles e à nação dos resultados do seu potencial criativo. Os valores coloniais e as "ideias irracionais e não científicas do passado" congelaram os moçambicanos num estado permanente de atraso.[40]

A educação universal e as amplas campanhas de alfabetização foram elementos cruciais da política cultural da Frelimo, consubstanciados nas noções gémeas de "Moçambicanidade" e de "Homem Novo" — ideias desenvolvidas pelo movimento de libertação pela primeira vez em Nachingwea.

A moçambicanidade resultava de uma síntese entre práticas culturais indígenas e um novo conteúdo revolucionário.[41] Em 1977, estudantes do ensino secundário e investigadores da Universidade Eduardo Mondlane percorreram as zonas rurais recolhendo tradições, histórias, canções e danças locais, identificando igualmente sítios arqueológicos importantes. O governo organizou festivais culturais reunindo representantes de todas as partes do país. Embora a construção de uma cultura unificada tenha permanecido, em grande medida, no plano das aspirações, estas iniciativas tiveram um impacto no terreno, em particular em Maputo. O director da Companhia Nacional de Canção e Dança (CNCD) escreveu sobre o significado da cultura no processo de construção da nação:

Incentivar a dança num país mergulhado na guerra e na fome pode parecer um sacrilégio. No entanto, em Moçambique,

> *a dança é vida. A nação há muito que descobriu e se expressou em termos de dança — dança pelos aldeões para os guerrilheiros vitoriosos na longa guerra pela independência contra o colonialismo português, dança pelos próprios soldados triunfantes para celebrar a independência em 1975 e depois um vasto festival de dança no período pós-independência ("o povo em marcha")... Actualmente, todas as fábricas, escolas, hospitais e empresas agrícolas têm os seus grupos de dança. Na comunidade, o povo toca batuque e dança — a dança é comunicação, a dança é afirmação, a dança é crítica e a dança é simplesmente dança.*[42]

Acreditando que desta síntese cultural surgiria o Homem Novo — guardião da revolução e um garante contra futuros recuos — Samora salientou que "mesmo quando os sistemas de exploração tiverem sido destruídos, se não combatermos a mentalidade que lhes está subjacente, mais cedo ou mais tarde, lenta ou rapidamente, o sistema voltará a surgir, alimentado pelos valores negativos preservados dentro de nós". O Homem Novo seria militante, trabalhador, orgulhoso da sua identidade, história e cultura, seria educado na ciência moderna e rejeitaria as práticas obscurantistas e exploradoras do passado. Respeitaria as mulheres e opor-se-ia ao lobolo (dote de casamento) e à poligamia.[43] E, no entanto, esta formulação não aborda em parte alguma o privilégio persistente do patriarcado.

O Homem Novo representava a antítese do personagem de banda desenhada Xiconhoca, uma combinação de "Chico", um perverso agente da PIDE, e nhoca (cobra). Este personagem simbolizava o inimigo interno, aquele que explorava indivíduos desprevenidos e indefesos. Em tiras de banda desenhada, cartazes e quadros de avisos/jornais de parede criados em todos os centros administrativos, o Xiconhoca era retratado diversamente: ele era um burocrata insensível que complicava a vida do povo, um cidadão que se recusava a trabalhar, um chulo, um traficante de droga, uma prostituta uma mulher que usava mini-saia e sapatos de salto alto, um jovem que se divertia em discotecas, um polígamo, um pai que não mandava as crianças à escola, ou um traidor que espiava para a África do Sul ou para a Rodésia.

Para alcançar os novos objetivos, realizaram-se também mudanças radicais no sistema de cuidados de saúde. Menos de um mês após a independência, Samora anunciou a nacionalização da prática da medicina, tornando a assistência médica um direito dos cidadãos, e não um empreendimento comercial manifestamente racista. A implementação de um programa de tão grande alcance com apenas oitenta e sete médicos no país foi um grande desafio. Em 1977, o Ministério da Saúde tinha recrutado mais de quinhentos profissionais de saúde de mais de vinte nações. Nos anos seguintes, baseando-se nos exemplos da China e do Vietname, o governo continuou a levar centenas de "médicos de pé-descalço" e novas enfermarias para as zonas rurais. Isto permitiu lançar uma campanha de vacinação contra o sarampo, a varíola e o tétano, que atingiu 90% do país durante os dois anos seguintes. A Organização Mundial de Saúde declarou-a uma das mais bem-sucedidas iniciativas deste género em África.[44] Outra iniciativa preventiva foi a campanha de construção de latrinas, que visava reduzir a cólera e outras doenças transmitidas pela água. Samora proclamou dois domingos consecutivos, em 1977, como os Dias Nacionais da Latrina, e de picareta e pá, juntou-se a outros cidadãos para cavar e construir latrinas. Graças a estas e outras medidas, a redução da mortalidade infantil durante os primeiros cinco anos de independência, estimada em 20%, revela o grau de penetração do novo sistema de saúde em Moçambique.[45]

A Frelimo também nacionalizou imóveis de aluguer para evitar que os proprietários urbanos lucrassem com os blocos de apartamentos deixados vagos pelos portugueses que fugiram de Moçambique. A nova legislação dirigiu-se igualmente aos grandes proprietários africanos dos bairros de caniço. Só em Maputo, foram nacionalizadas mais de cinquenta mil unidades.[46] Nos dois anos seguintes, mais de 160.000 moçambicanos que viviam em habitações de construção precária foram realojados em residências urbanas tomadas pelo estado.[47]

Apesar das consideráveis conquistas iniciais no plano social, estas políticas ambiciosas nunca foram plenamente postas em prática. Mesmo com o aumento acentuado do orçamento na educação, a subida drástica do número de alunos implicou que nunca houvesse escolas, professores formados, livros e material escolar em quantidade suficiente.[48] O sistema de prestação de cuidados de saúde nacionalizado consumiu de forma semelhante a capacidade do estado. As enfermarias rurais recém-construídas não dispunham de pessoal, nem de material adequado, e os amplamente aclamados "médicos de pé-descalço" vezes sem conta não estiveram à altura da tarefa que tinham pela frente. A nacionalização do parque imobiliário sem supervisão suficiente, permitiu que burocratas corruptos atribuíssem as melhores habitações a amigos, familiares e a quem se disponibilizasse a oferecer subornos. A perda dos rendimentos provenientes do arrendamento aumentou, não intencionalmente, a fuga de portugueses qualificados, que Samora esperava que ajudassem a manter a economia a funcionar.

A política cultural promovida por Samora também foi problemática. As culturas não são divisíveis e as tradições não são artefactos congelados no passado. Os esforços de Samora para preservar muitos aspetos do passado, abolindo simultaneamente os chefes tradicionais e atacando a poligamia, ignoraram as complexidades da cultura local e geraram antipatia para com o novo governo, especialmente nas zonas rurais. O seu ataque à igreja também afastou muitos cristãos devotos, que eram também nacionalistas fervorosos.

Transformações Económicas

Poucas nações recém-independentes herdaram problemas económicos tão profundamente enraizados como Moçambique: o baixo nível de produção alimentar, a elevada taxa de desemprego, o sector industrial embrionário, a balança de pagamentos negativa e o produto nacional bruto extremamente baixo.[49] Tudo isto piorou com o êxodo massivo dos portugueses, cujo número diminuiu de 250.000 para 20.000, entre 1974 e 1976. A grande maioria dos engenheiros, contabilistas, mecânicos e agrónomos saiu do país. Os colonos que partiam destruíam frequentemente o que não puderam levar consigo, sabotando tudo, desde camiões a equipamento fabril, de tratores a comboios.

Entre 1975 e 1977, o Governo tomou inúmeras medidas para inverter a hecatombe económica. Ao nacionalizar explorações agrícolas e plantações abandonadas, e reorganizando-as em grandes explorações agrícolas / *machambas* estatais, preservou os postos de trabalho de milhares de trabalhadores rurais. Para evitar o colapso total, o governo nacionalizou indústrias estratégicas e tomou o controlo de empresas com gestão deficiente. Criou as "lojas do povo" para garantir o acesso dos pobres a produtos básicos a preços subsidiados. Estas intervenções foram mais táticas do que ideológicas — uma resposta à deterioração económica e ao medo da paralisação.[50]

Sob pressão da Organização da Mulher Moçambicana e da crítica feminista, Samora introduziu políticas destinadas a combater a opressão institucional das mulheres e a criar novas oportunidades nos locais de trabalho. As mulheres das zonas urbanas fizeram pequenos progressos, mas significativos, conseguindo pela primeira vez emprego como tratoristas, operárias da construção civil, agentes da polícia e administradoras. As mulheres preencheram também quase metade dos estudantes selecionados para se formarem-se em Cuba como engenheiros, médicos, dentistas, professores e profissionais de outras áreas.[51]

No entanto, estas mulheres trabalhadoras ainda se deparavam com a discriminação de género nos agregados familiares e nas comunidades. Para muitas, a oportunidade de obter emprego na economia monetária significava simplesmente mais trabalho, uma vez que poucos homens estavam dispostos a realizar tarefas domésticas.

Reconstituição da sua Família

No dia 7 de Setembro de 1975, após um namoro breve, mas discreto, Samora casou-se com Graça Simbine. Movimentavam-se em círculos comuns na capital colonial, mas nunca tinham convivido. Voltaram a relacionar-se em 1974, altura em que Graça veio para Dar e se juntou ao movimento de libertação.

Após a nomeação de Graça como Ministra da Educação, esforçaram-se por manter separadas as relações pessoais e governamentais, embora Graça nos tenha dito, com um brilho nos olhos, que a "conversa de almofada" seguia em muitas direções diferentes. Embora Samora raramente discutisse a relação de ambos, na sua correspondência pessoal Graça tratava-o frequentemente por "Cheri" e terminava com saudações tão carinhosas como: "Eu vivo para o teu amor e para a nossa família."[52]

Constituir uma família diluída foi um desafio. Os filhos, nascidos de três mães diferentes, não se conheciam bem. Durante mais de uma década, apenas Samito contactara com o pai. Dadas as tendências patriarcais de Samora, o custo emocional da longa separação dos filhos, e a sua ênfase na importância da família, não é surpreendente que agisse de forma decidida, ainda que insensível, para os trazer para Maputo. Graça lembrou que "ele insistia que todos os filhos vivessem juntos debaixo do mesmo teto", apesar das reservas que lhe transmitiu em relação a separá-los das mães. Ambos rejeitaram uma proposta da Frelimo de que os filhos vivessem perto e fizessem apenas as refeições com eles.[53] A transição não correu harmoniosamente. Enquanto Irene Buque consentiu, Sorita Chiankomo e os seus familiares recusaram-se a ser separados dos filhos. Samora ignorou os seus desejos, ordenando que as crianças fossem de imediato para o palácio presidencial.[54]

Apesar de as exigências inerentes à função de Chefe do Estado, Samora dedicou tempo e energia emocional aos filhos, embora fosse Graça quem supervisionava a sua vida quotidiana, desempenhando ao mesmo tempo as funções de Ministra da Educação. Nas entrevistas que realizámos com quatro dos seus filhos, Olívia, Jucelina, Ornila e Samito, eles descreveram Samora como um disciplinador rigoroso e um pai extremoso, que sempre que estava em Maputo arranjava tempo para estar com eles.[55] Durante uma das discussões que tiveram, Olívia recordou:

> *O nosso pai insistiu que todos nós jantássemos às sete horas. Nada podia atrapalhar a hora do início da refeição. À volta da mesa, ele e Graça perguntavam-nos como o nosso dia tinha corrido e se tínhamos algum problema. Discutimos muitas vezes questões da atualidade, não só de Moçambique, mas de todo o mundo. Ele também gostava de conversar sobre a história da nossa família e conseguia contar acontecimentos que remontam a nove gerações. Se um de nós não tivesse oportunidade de falar, um dos nossos irmãos insistia em ter a sua vez de o fazer.*[56]

Samora também tratava dos problemas específicos de cada um dos filhos. Olívia lembrou-se que "teve muita paciência comigo, porque quando cheguei à residência presidencial, eu só sabia falar ronga. Incentivou-me quando senti dificuldades em aprender português nas aulas especiais que a Graça me arranjou."[57] Esta preocupação e compaixão estenderam-se a todos os filhos. "Apesar de serem de mães diferentes, ele tratava-os a todos da mesma maneira — independentemente da filiação e do sexo."[58]

A insistência em que o jantar fosse servido pontualmente fazia parte da disciplina que Samora procurou incutir. Tanto Graça como Olívia descreveram como se levantavam às 5:30 da manhã para fazer exercício durante uma hora, antes do pequeno-almoço. Depois das aulas, esperava que terminassem os trabalhos de casa e fizessem exercício num ginásio próximo, antes do jantar. Os fins-de-semana eram menos regrados, e, quando o tempo o permitia, Samora brincava com os filhos. Dada a sua natureza competitiva, gostava de os desafiar na natação ou na corrida — ganhando quase sempre, até Jucelina e Edelson se tornarem atletas talentosos.[59]

Apesar de todo o seu carinho e paciência, Samora reagia com severidade quando os filhos se comportavam inadequadamente, ou abusavam da posição familiar. Quando Ornila, ainda adolescente, engravidou, ficou furioso. Para além de as dificuldades familiares criadas, a gravidez contrariava as posições de Samora contra o nascimento fora do casamento. Após uma longa conversa e uma reunião familiar, ele anunciou publicamente que Ornila e o pai da criança foram enviados para um campo de reeducação no Niassa. Noutra ocasião, Edelson, com 16 anos, recebeu numa feira internacional uma motorizada que o havia interessado. Após o regresso, mentiu inicialmente, afirmando tratar-se de um presente não solicitado, mas, por fim, admitiu a verdade. Samora ordenou-lhe que devolvesse a motorizada e avisou-o de que da próxima vez seria exemplarmente castigado. Quando Edelson agiu novamente de forma imprópria, Samora mandou-o para o exército — com um nome falso, para não receber tratamento especial.[60]

A noção de família de Samora ultrapassa o limite definido pelos parentes de sangue, incluindo muitos camaradas próximos e os seus descendentes. Nyeleti Mondlane, filha de Eduardo Mondlane, frequentou a residência presidencial por períodos consideráveis. Em muitas das suas cartas a Graça e Samora, dirigiu-se-lhes como "Queridos Pais" e partilhou detalhes íntimos da sua vida e pensamentos.[61] Samora e Graça cuidavam de Nyeleti e dos seus irmãos como dos próprios filhos. Ilundi dos Santos, filha de Marcelino, e os filhos de Aquino de Bragança e de Joaquim Chissano, ocupavam um lugar especial nos corações de Graça e Samora e passavam muitas horas na casa da família Machel. Aos fins-de-semana, a família almoçava muitas vezes com Jorge e Pamela Rebelo, e outros antigos camaradas. Celebravam os aniversários e os casamentos de militantes e dos seus filhos, e Armando Guebuza e Alberto Chipande foram convidados para padrinhos de casamento de duas das filhas de Samora.

Pertencer à rede familiar de Samora concedida vantagens notórias, mas também acarretava custos. Quando Allen pediu ao general Hama Thay, um velho combatente pela liberdade, para descrever a principal falha de Samora, este respondeu sem hesitar que "Samora intervinha regularmente na vida privada dos que o rodeavam". Ele apressava-se a dar conselhos que não lhe tinham sido solicitados e ordenava aos subordinados que deixassem de ser mulherengos e agissem de forma mais responsável, ou casassem com as suas companheiras."[62] Teodato Hunguana, que fora afastado do cargo de Ministro da Justiça, observou que "como pessoa, Samora preocupava-se muito com estas relações, mas como presidente era capaz de ser muito duro."[63]

Samora dirige-se aos soldados durante a luta armada. Cortesia de António Alves Gomes.

6. O MARXISMO DE SAMORA MACHEL E A DEFESA DA REVOLUÇÃO 1977–82

O ano de 1977 marcou um ponto de viragem. No seu Terceiro Congresso, a Frelimo passou de uma organização de massas comprometida com o Poder Popular para um partido marxista-leninista ao serviço dos interesses de classe dos operários e camponeses. No sector da educação, a mutação ideológica pouco significou, uma vez que o estado já assumira a responsabilidade pelo ensino primário e secundário. Já no sector económico, as novas políticas geraram significativas transformações estruturais. Outra mudança foi o reconhecimento formal dos países socialistas como os "aliados naturais" da nova nação.

A adesão de Moçambique ao marxismo justificaria a intensificação dos ataques da Rodésia e da África do Sul: um estado marxista, governado por um revolucionário ligado ao bloco socialista, representava uma ameaça muito maior do que um país africano simplesmente independente. Para o ocidente, a decisão da Frelimo constituiu um grande revés na Guerra Fria.

Rumo ao Socialismo

O primeiro líder moçambicano a proferir publicamente o termo "socialismo" foi o mentor de Samora, Eduardo Mondlane. Dada a prática de auto-educação coletiva em que os dirigentes se empenhavam, não surpreende que o pensamento de Samora evoluísse similarmente. Muito antes do Terceiro Congresso do Partido, ele começou a aceitar a crítica marxista do capitalismo colonial. Na altura, porém, estava mais preocupado em descobrir a melhor forma de prosseguir a guerra, do que em saber se a Frelimo deveria continuar a ser uma frente, ou se deveria tornar-se um partido revolucionário de vanguarda. Na véspera da independência, Samora ainda não decidira se essa mudança fazia sentido em Moçambique. Num documento de 1974, apresentado a políticos e académicos em Moscovo, explicou que "a ausência de um partido de vanguarda... é o resultado de uma teia de circunstâncias históricas que enfrentamos, com características que incluem fundamentalmente a inexistência de uma classe trabalhadora organizada e de tradição, a falta de experiência de luta por parte das grandes massas. .. [e] o isolamento das comunidades, particularmente no meio rural."[1]

A própria Frelimo também não fizera essa distinção. Alguns militantes defenderam que deveria permanecer uma frente num horizonte previsível, como os sandinistas da Nicarágua, que mantiveram espaço no seu partido revolucionário para diferentes tendências progressistas. Aquino de Bragança, conselheiro de Samora, advertiu que o modelo do partido de vanguarda abafaria as dissidências e criaria uma ligação desnecessária a regimes impopulares e desumanos, como o de Kim Il-Sung na Coreia do Norte. Em vez disso, propôs que a Frelimo adoptasse um projeto socialista mais generalizado, a que chamou "samorismo", enraizado na nova realidade moçambicana.[2]

Todavia, a maioria das personalidades mais destacadas em torno de Samora, incluindo Marcelino dos Santos, Sérgio Vieira, Jorge Rebelo, Óscar Monteiro e quadros treinados na União Soviética e na China, discordou. Estas personalidades rejeitaram tanto a crítica de Aquino como a do seu aliado de longa data Julius Nyerere. Para eles, a noção de Nyerere de que as sociedades pré-coloniais africanas eram naturalmente socialistas constituía uma leitura demasiado romântica do passado, sem capacidade de apoiar transformações radicais nem proteger Moçambique de ameaças contra-revolucionárias.[3] O apoio do campo socialista durante a luta armada e a convicção de que a derrota dos Estados Unidos no Vietname tinha deslocado o equilíbrio do poder à escala global, reforçaram esta argumentação. Era evidente, também, que a continuação da ajuda militar e económica do bloco soviético dependia da adoção de uma linha marxista.

Em 1976, Samora concluiu que o marxismo representava a melhor via. A contínua hostilidade do ocidente, a sua visão romântica da vida no bloco soviético e a elevada consideração por Fidel Castro reforçaram estas inclinações.[4] Dito isto, Samora não era pró-soviético, nem pró-chinês, estava apenas empenhado em criar uma sociedade socialista forjada nas experiências de Moçambique. Tal como recordou o seu velho amigo José Cabaço, "o socialismo de Samora nasceu da sua reacção visceral aos abusos do capitalismo colonial."[5]

O debate na Frelimo sobre a melhor estratégia para avançar ocorreu à porta fechada, tornando impossível discernir como o processo se desenrolou efetivamente. Óscar Monteiro, então Ministro da Administração Estatal, resume-o desta forma:

Em Fevereiro de 1976, no fim da 8ª Sessão do Comité Central, Samora fez um discurso em que apelava à Frelimo para que criasse um partido de vanguarda. Para surpresa de todos, em vez de Armando Guebuza [o comissário político nacional], foi-me atribuída a mim a missão de preparar os documentos de planificação do Terceiro Congresso do Partido. Trabalhei com vários outros camaradas, nomeadamente o [Fernando] Ganhão e o Luís [Bernardo Honwana]. Apresentámos duas opções ao Comité Político-Militar, cujos membros integravam Samora, Marcelino, Chissano, Chipande e Guebuza. A primeira opção era criar um partido marxista-leninista altamente disciplinado, baseado num modelo soviético, capaz de mobilizar o povo contra os inimigos internos da classe e contra as ameaças externas. A outra alternativa assentava na proposta de que as classes ainda não estavam claramente definidas e que faltava à Frelimo uma forte base de apoio em todo o país, o que tornava necessário pensar na nova democracia— algo como o que os chineses usavam para mobilizar o campesinato.[6]

Os dirigentes votaram por unanimidade a favor da primeira alternativa.[7] Um ano mais tarde, no Terceiro Congresso do Partido, presidido por Samora, os delegados reafirmaram esta posição.[8]

Embora aderindo à formulação marxiana ortodoxa de que a classe trabalhadora industrial é a força motriz na formação de uma sociedade socialista, o congresso também se distanciou dela, exaltando o papel do campesinato, já que, durante a luta armada, "tinha apresentado grandes provas do seu envolvimento na transformação revolucionária da nossa sociedade". Nesta linguagem, é discernível o apreço pela atuação política dos camponeses, que Samora há muito sentia. O congresso concordou que a Frelimo se tornaria um partido de vanguarda cuja "missão histórica é liderar, organizar e educar as massas, transformando deste modo os movimentos populares de classe num poderoso instrumento para a destruição do capitalismo e a construção do socialismo."[9]

Durante uma longa entrevista concedida a Allen Isaacman e Ian Christie dois anos depois, Samora insistiu na relevância do marxismo para Moçambique.

Vou provar-te, Isaacman, para que possas dizer aos teus colegas [como] os camponeses e os operários, que não sabem ler nem escrever, compreendem o marxismo-leninismo... Os camponeses analfabetos aprenderam a essência do sistema de exploração do homem pelo homem por parte de um novo grupo de exploradores, representado por [Uria] Simango e Lázaro [Nkavandame], que pretendiam introduzir a exploração nas zonas libertadas. Não foi nenhum marxista que lhes foi dizer o que era a exploração, não a leram em nenhum livro. Mas eles sentiram a exploração e conheceram os seus exploradores.... Foram eles que lutaram e fizeram com que os explorados tivessem sucesso contra os comerciantes e proprietários de terras exploradores... O marxismo-leninismo não chega ao nosso país como um produto importado. Ouve isto muito bem: é esta a ideia contra a qual queremos lutar. ..O nosso partido não é um grupo de intelectuais que leem e interpretam Marx, Engels e Lenine.[10]

A crença de Samora de que os camponeses explorados transitariam para a órbita do marxismo era problemática; mas durante esta entrevista, foi evidente o profundo respeito que nutria por muitos aspetos da vida rural.

O Terceiro Congresso do Partido aprovou planos para revitalizar a agricultura e a indústria segundo princípios socialistas. Samora esboçou as linhas gerais do novo plano diretor no relatório apresentado ao Congresso: "A nossa estratégia de desenvolvimento assenta na produção agrícola. As aldeias comunais são a alavanca fundamental para a libertação das populações das zonas rurais. A indústria é o factor dinamizador do desenvolvimento económico. A construção do socialismo exige que a economia seja planeada e dirigida centralmente pelo estado."[11]

No centro do processo de transformação rural estava a dramática expansão das aldeias comunais. Convictamente, Samora previu que iriam estimular o sector agrícola e possibilitar "um novo estilo de vida."[12] A vida nas aldeias comunais seria, assim, o berço para a criação da versão rural do Homem Novo.

Com as suas cooperativas agrícolas associadas, as aldeias comunais pareciam ter muito a oferecer. A localização perto de estradas e de mercados facultava acesso a serviços — escolas, centros de saúde, armazéns para as colheitas e cooperativas de consumidores e de artesãos — inexistentes em grande parte do espaço rural. O ideal seria localizar as aldeias comunais em zonas férteis, em áreas cuidadosamente dispostas em quarteirões, com habitação e saneamento adequados. A vida coletiva e a produção coletiva reforçavam igualmente a consciência revolucionária do campesinato.[13]

Coube à Frelimo a tarefa de persuadir os camponeses, em discussões públicas generalizadas, a abandonar as suas casas dispersas e a mudar-se para estas grandes comunidades. Em finais de 1977, havia cerca de uma centena de aldeias comunais, incluindo as organizadas durante a luta armada, ou logo após a independência; a sua dimensão variava, desde as cinquenta famílias que viviam em Makonde, na província de Niassa, até às mais de onze mil em Julius Nyerere, em Gaza. Dois anos depois, mais de um milhão de camponeses vivia em aldeias comunais; em 1981, o número atingia o 1,2 milhão — quase 15% da população. Em Cabo Delgado, mais de 90% dos camponeses e refugiados que regressavam da Tanzânia foram reassentados em aldeias comunais. Em Gaza, a segunda região mais representada, 30% da população vivia em regime de comuna. Em nenhuma outra província este número ultrapassou os 20%.[14] Uma destas experiências mais bem-sucedidas foi a da Aldeia Comunal 24 de Julho, perto de Xai-Xai, em Gaza, nas proximidades da casa de Samora, estabelecida por funcionários locais que trabalhavam com os camponeses deslocados pelas cheias.[15]

Mas os problemas nestas aldeias surgiram quase de imediato. Os responsáveis pela planificação do Ministério da Agricultura subestimaram os efeitos do reassentamento nas comunidades deslocadas. Estas perderam o controlo sobre onde e como viver, bem como o acesso a recursos económicos e culturais vitais. Para muitos, a mudança também os afastou dos espíritos dos antepassados, que protegiam as suas comunidades e garantiam a fertilidade das mulheres, da terra e do gado. Apesar de os seus alegados conhecimentos, os planificadores estatais desconheciam frequentemente os locais mais adequados para a agricultura e o pastoreio do gado. O governo não forneceu aos camponeses o apoio técnico, as sementes, o equipamento e os bens de consumo necessários para tornar as suas aldeias auto-sustentáveis.[16] Quando a produtividade baixou, os funcionários culparam as práticas ineficientes dos camponeses, a sua falta de vontade de inovar e a ausência de motivação, e nunca os fracassos do próprio governo — tudo isto relembrava a retórica colonial.

Alguns fatores locais e regionais também desgastaram o apoio dos camponeses à vida comunitária. Na província de Nampula, os responsáveis do partido associaram-se a chefes locais pouco populares para promover a experiência das aldeias comunais.[17] Os camponeses reassentados das zonas costeiras de Cabo Delgado, Inhambane e Gaza perderam os seus rentáveis cajueiros sem qualquer indemnização. Além disso, com a intensificação da guerra com a RENAMO, alguns governadores provinciais mantiveram camponeses em aldeias para os separar dos insurgentes, o que foi criticamente comparado aos aldeamentos coloniais.[18]

Progressivamente, os camponeses desafiaram os técnicos de planificação do estado, como o tinham feito com os técnicos coloniais. Na Zambézia e em Nampula, as duas províncias mais populosas, apenas 6% da população camponesa aderiu às aldeias comunais.[19] E os que viviam nas aldeias comunais iam trabalhar nas suas *machambas*, e não nas *machambas* coletivas. Em 1982, apenas um sexto das aldeias comunais possuía cooperativas agrícolas em funcionamento, e mesmo os membros mais motivados politicamente passavam apenas algumas horas a trabalhar nas *machambas* coletivas.[20] Muitos homens optaram então por trabalhar nas explorações agrícolas estatais, evitando as machambas comunais não rentáveis, porque essa era a única forma de sustentar as famílias. Outros membros insatisfeitos das aldeias comunais simplesmente desapareceram.

A atribuição, pelo governo, da maior parte dos seus parcos recursos às explorações agrícolas estatais comprometeu ainda mais a viabilidade das aldeias comunais. Imediatamente após o Terceiro Congresso do Partido, o Ministério da Agricultura atribuiu às *machambas* estatais 40 milhões de dólares para a aquisição de equipamento pesado - tratores, ceifeiras-debulhadoras (combinadas) e bombas de irrigação - em vez garantir conhecimentos técnicos aos camponeses. No ano seguinte, dois terços do orçamento destinado à agricultura foram canalizados para o equipamento pesado das *machambas* estatais.[21]

Ao alocar assim recursos escassos, Samora e os seus conselheiros sucumbiam à lógica do alto-modernismo socialista. Sem economias de escala, sem conhecimentos agro-ecológicos, e mesmo sem mecânicos treinados e peças sobressalentes, acreditavam que a simples introdução de tecnologia agrícola avançada iria assegurar, por si só, o aumento da segurança alimentar de Moçambique, a expansão das exportações agrícolas e o fornecimento de matéria-prima para as indústrias nascentes. Samora também previa que as machambas estatais empregariam os 150.000 a 200.000 trabalhadores rurais que estavam inativos quando os colonos e as empresas estrangeiras abandonaram as suas explorações, e que estes trabalhadores forjariam uma nova consciência de classe ao trabalharem juntos, livres da exploração colonial.[22] As suas conclusões basearam-se em projecções otimistas do Ministério da Planificação, dirigido por Marcelino dos Santos, e repleto de tecnocratas da Alemanha do Leste, sem conhecimento das complexas e variadas condições agro-económicas e sociais no terreno.

Embora esta política tenha reduzido o desemprego rural e gerado ganhos modestos na produção agrícola, as *machambas* estatais fracassaram desastrosamente. Apesar de receberem uma parte de leão do orçamento agrícola, em 1982 representavam apenas 20% da produção e nenhuma obteve lucro. Esta experiência foi arruinada devido à planificação deficiente, à falta de competências de gestão, ao conhecimento limitado, e em grande medida inútil, dos assessores estrangeiros, à incapacidade de cuidar do equipamento e de mobilizar os trabalhadores e aos baixos salários, que obrigaram as explorações agrícolas a depender da mão-de-obra sazonal. Em nenhum outro lugar isto foi mais evidente do que no fértil Vale do Limpopo, onde os camponeses não estavam dispostos a trabalhar como trabalhadores agrícolas mal pagos, quando podiam ganhar mais nas minas sul-africanas.[23]

Entretanto, a escala e o ritmo do controlo estatal no sector industrial aumentaram drasticamente após o Terceiro Congresso do Partido. Os planificadores privilegiaram a indústria pesada e os grandes projetos de desenvolvimento, que requeriam trabalhadores qualificados e investimentos substanciais. Inicialmente, Samora procurou a assistência do bloco socialista. A partir de 1979 dez mil moçambicanos foram enviados para formação na Alemanha de Leste.[24] Samora acreditava que o sentido de identidade e o orgulho nacionais, e a consciência da classe trabalhadora, iriam cimentar-se se moçambicanos de diferentes regiões e estratos sociais vivessem e trabalhassem lado a lado nos países socialistas.[25]

Os esforços empreendidos com vista a revitalizar e reestruturar o sector industrial produziram resultados mistos. Entre 1977 e 1981, a economia registou uma recuperação modesta.[26] Em 1979, mais de 150.000 operários industriais encontravam-se empregados a tempo inteiro e o absentismo diminuiu 20%.[27] Foram concluídos vários projetos industriais, incluindo duas fábricas têxteis, um complexo de transformação de pescado e uma fábrica de pneus, uma "joint-venture" financiada por capitais americanos. Os salários e as condições de trabalho melhoraram em algumas fábricas, algumas já existentes, outras novas.[28] Samora sentiu-se tão confiante que declarou que Moçambique iria erradicar o subdesenvolvimento na década de 1980.[29]

O seu otimismo foi infundado. Apesar da intervenção massiva do estado, em 1980 a economia encontrava-se numa espiral descendente. Segundo Prakash Ratilal, governador do Banco Central durante a maior parte deste período, uma combinação de factores internacionais e internos precipitou o declínio, e a prometida assistência por parte dos países ocidentais foi demasiado limitada para produzir impactos significativos.[30] Na arena internacional, a aplicação por Moçambique, em 1976, das sanções determinadas pelas Nações Unidas contra a Rodésia, proibiu ao regime vizinho o acesso ao porto da Beira, o que custou caro à jovem nação. No ano seguinte, a África do Sul cessou o acordo, que tinha mantido uma antiga prática colonial, de pagar ao governo moçambicano as remessas salariais dos trabalhadores migrantes em ouro, a preços muito inferiores aos do mercado mundial. Pretória também reduziu a sua utilização do porto de Maputo: de seis milhões de toneladas, antes da independência, para metade em 1981. Dois anos mais tarde, limitou o número de mineiros moçambicanos a entrar no pais: 41.000 em vez de 110.000. A subida acentuada dos preços do petróleo provocada pela Guerra Irão-Iraque de 1979 foi igualmente devastadora. As inundações, secas e ciclones recorrentes perturbaram a produção agrícola, bem como os ataques destruidores dos terroristas da RENAMO, apoiados pela África do Sul.[31]

Já em 1979, Samora manifestara aos seus conselheiros económicos preocupação quanto à viabilidade de uma economia planeada pelo estado. Depois de Moscovo rejeitar, em 1981, a adesão de Moçambique ao Conselho de Assistência Mútua Económica, a união económica do bloco socialista, Samora enviou altos funcionários a Washington para iniciar conversações exploratórias com o Banco Mundial e o Fundo

Monetário Internacional. A União Soviética e a República Democrática da Alemanha ficaram furiosas.[32]

No início dos anos de 1980, a produção industrial ainda estava muito abaixo dos níveis anteriores à independência. Os produtos básicos escasseavam e quase todas as fábricas se situavam no corredor Maputo-Matola. Os países socialistas continuavam relutantes em fornecer o capital necessário para projetos de grande escala. Quase toda a sua ajuda vinculava-se a acordos de permuta desfavoráveis para Moçambique, que recebia equipamento ultrapassado em troca de exportações agrícolas. Para relançar a economia, Samora anunciou a vontade de procurar investimentos de empresas ocidentais, desde que estas estivessem "interessadas em projetos mutuamente benéficos que assegurassem uma transferência adequada de tecnologia e garantissem a formação dos trabalhadores locais."[33]

Figura 6.1. As negociações de Lancaster House. Samora com outros presidentes da Linha da Frente e os líderes do Zimbabwe Robert Mugabe e Joshua Nkomo

Cortesia do Centro de Documentação Samora Machel (CDSM).

Figura 6.2. Samora a cumprimentar o presidente do ANC Oliver Tambo

Cortesia do Centro de Documentação e Formação Fotográfica (CDFF).

Figura 6.3. Samora e Leonid Brezhnev (CDFF).

A Defesa da Revolução: Combate ao Inimigo Interno

Desde que assumiu a presidência, Samora temia que os colaboradores e os inimigos de classe pudessem subverter a revolução. Num discurso em 1977, alertou para consequências nefastas, se a Frelimo baixasse a guarda: "Em vez de manter a ofensiva, em vez de destruir a cabeça da serpente no ovo, se voltarmos à defensiva, só descobriremos a serpente quando estiver totalmente desenvolvida e a levantar a sua cabeça venenosa para nos matar."[34] Entre os inimigos identificados contavam-se ex-colonos ansiosos por um regresso do domínio branco, antigos agentes da PIDE, africanos que lutaram no exército colonial e apoiantes clandestinos de organizações nacionalistas rivais. Os comerciantes, grandes e pequenos, os líderes religiosos e os fiéis — especialmente as Testemunhas de Jeová, que se recusaram a reconhecer a autoridade do novo governo — também eram suspeitos.

Samora manifestou igualmente preocupação com a pequena, mas influente, burguesia urbana, cujo estilo de vida e os valores ameaçavam minar o que o governo procurava incutir. Maior responsabilidade nesta sabotagem, porém, cabia aos comerciantes e aos funcionários que abusavam dos seus cargos para acumular riqueza.

Mais preocupantes ainda eram os abusos de poder por parte de militares e membros da Frelimo. Em 1979, numa entrevista a Allen e Ian Christie, Samora explicou por que ocorriam esses abusos de poder: "[a FRELIMO] foi recebida por afilhados dos administradores, madrinhas dos movimentos nacionais de mulheres [de direita], membros da ANP e da PIDE. Eles ofereceram carros, casas. . .organizaram festas e [arranjaram raparigas simpáticas] para os comandantes da FRELIMO."[35] No seu discurso na Beira, alertou que a polícia, os agentes de segurança (no Serviço Nacional de Segurança Popular) e os membros do partido corruptos constituíam uma ameaça para Moçambique e para os seus cidadãos, exortando a audiência a identificar e a pronunciar-se contra esses traidores.[36]

Samora e os seus colegas mais próximos estavam tão obcecados com os "inimigos de classe dissimulados", que mesmo os membros clandestinos do movimento de libertação que passaram anos nas prisões coloniais não estavam acima de suspeitas. Em julho de 1978, estes ex-reclusos foram interrogados publicamente para determinar se algum traíra a revolução enquanto encarcerado. O próprio Samora presidiu ao processo. A maioria foi ilibada.[37]

Havia uma inquietação especial com os mais de noventa mil africanos que serviram o exército colonial ou a polícia secreta, o que os tornava "comprometidos" aos olhos da Frelimo.[38] Após a independência, foram desarmados e a maioria autorizada a regressar a casa. Em novembro de 1978, no entanto, Samora ordenou que se apresentassem e reconhecessem a sua colaboração com o regime colonial - as suas fotografias foram então expostas nos seus locais de trabalho. Samora participou em reuniões públicas onde ridicularizou os "comprometidos", identificou alguns pelo nome e exigiu a outros uma demonstração de arrependimento. Muitos dos que negaram a sua cumplicidade foram encarcerados sem julgamento. Outros foram enviados para o exército.[39] Durante quatro anos, os comprometidos foram socialmente marginalizados. Apenas em 1982, os que reconheceram os seus erros foram ilibados e as suas fotografias retiradas de exposição pública.

Com o agravamento das condições económicas e militares, os apelos à punição dos inimigos da revolução aumentaram de tom. A reintrodução da impopular pena de morte, em 1980, indicava até onde Samora estava disposto a ir para suprimir a oposição interna.[40] Três anos mais tarde, a pena de morte podia aplicar-se a condenados por crimes económicos considerados graves, como o contrabando. Mais ou menos ao mesmo tempo, o Parlamento aprovou a "lei da chicotada", que reintroduzia os castigos corporais, incluindo a prática colonial da chicotada, para uma grande variedade de crimes. Muitos dos apoiantes mais fiéis da Frelimo ficaram chocados, mas apenas um membro do Governo, o Ministro da Justiça Teodato Hunguana, se opôs a esta política.

Em Defesa da Soberania Moçambicana

Alianças Regionais, Não-alinhamento e Aliados Naturais

O comunicado final do Terceiro Congresso do Partido sublinhou "o compromisso de Moçambique em reforçar... a luta contra o colonialismo, o racismo, o neocolonialismo e o imperialismo". Apesar do tom radical, o comunicado expressava igualmente a vontade de estabelecer "relações mutuamente benéficas com todos os estados, independentemente dos seus sistemas sociais e económicos."[41]

A fim de defender a integridade territorial de Moçambique e proteger a revolução, privilegiou-se o reforço das relações com os outros estados da Linha da Frente (que incluía na altura a Tanzânia, a Zâmbia, Angola e o Botswana), o desafio à hegemonia militar e económica da África do Sul e da Rodésia e o apoio ao Congresso Nacional Africano e à União Nacional Africana do Zimbabwe. Moçambique aderiu à Organização da Unidade Africana e ao Movimento dos Não-Alinhados, promovendo as lutas de libertação não só na África Austral, mas também no Sahara Ocidental e na colónia asiática de Portugal, Timor Leste.

Samora e o Ministro dos Negócios Estrangeiros, Joaquim Chissano, insistiram para que o não alinhamento não fosse equiparado a neutralidade. Ao dirigir-se à Cimeira dos

Estados Não-Alinhados em Havana, em 1979, Samora foi a este propósito inequívoco: "O não-alinhamento é uma estratégia específica dos nossos povos para garantir a independência e a paz face à guerra fria imposta pelo imperialismo.. . O não-alinhamento é uma estratégia anti-imperialista para a libertação total do nosso povo". E prosseguiu, acentuando que "foi precisamente com o surgimento dos países socialistas que a correlação de forças mudou a nosso favor. Os países socialistas são aliados naturais dos nossos povos."[42] Assim, rejeitou os esforços dos membros mais moderados para tornar o Movimento dos Não-Alinhados um terceiro bloco autónomo, independente das superpotências.

Os analistas ocidentais retrataram Moçambique como um satélite da União Soviética, ignorando evidências que contrariavam tal conclusão. Em 1977, Marcelino dos Santos, um defensor convicto de Moscovo, insistiu junto de Allen que a Frelimo não tinha lutado pela liberdade durante quinze anos "para se tornar o peão de mais uma potência estrangeira."[43] A sua posição era semelhante à mantida por Samora na reunião dos Países Não-alinhados em 1976 no Sri Lanka, quando se opôs veementemente à presença de navios de guerra estrangeiros e à circulação ou armazenamento de armas nucleares no Oceano Índico. Chissano mostrou-se ainda mais inflexível neste ponto: "Se os Estados Unidos e a União Soviética querem lutar, podem lutar na sua própria casa."[44] Para desalento de Moscovo, Samora recusou o estabelecimento de uma estratégica base naval soviética num dos portos de Moçambique. Rejeitou ainda a presença de forças cubanas em Moçambique para proteger o país das agressões da Rodésia e da África do Sul, temendo que isso pudesse envolver Moçambique na Guerra Fria.

Também surgiram tensões em torno do "paternalismo socialista" de Moscovo. Samora expressou, em privado, a sua indignação quando os soviéticos rejeitaram um pedido de construção de uma siderurgia em Moçambique; insistiram, então, que esse projeto era inadequado, dado o nível de desenvolvimento do país. A relutância dos ideólogos da Europa do Leste em reconhecer Moçambique como um país legitimamente socialista inspirou um comentário contundente de Samora: "algumas pessoas parecem pensar que o desenvolvimento do marxismo terminou em outubro de 1917."[45]

Até os diplomatas americanos se aperceberam do compromisso vital de Samora em manter a soberania de Moçambique. Frank Wisner, um alto funcionário do Departamento de Estado que esteve mais de uma vez frente a frente com o líder moçambicano, reconheceu, após a sua morte, que "sempre soube que ele corporizava as esperanças e as aspirações do povo moçambicano à independência, à paz e à prosperidade."[46]

Samora nunca considerou incoerente definir os países do bloco socialista como "aliados naturais" e a manutenção de uma relação muito próxima com os países escandinavos. A Noruega e a Suécia, em particular, ajudaram a FRELIMO durante a luta armada, e continuaram a prestar um notável apoio material e diplomático após a independência.

Para defender o interesse de Moçambique, Samora chegou a estabelecer contactos com países ocidentais que haviam apoiado o colonialismo português. Assim, Moçambique desempenhou um papel decisivo nas negociações de 1979 em Lancaster House, que conduziram à independência do Zimbabwe. Através desta ação, Moçambique obteve uma dupla vitória. Desapareceram a Rodésia e a ameaça militar que representava para Moçambique, e as negociações elevaram Samora à estatura de uma estadista, com a influente líder do Reino Unido, Margaret Thatcher, a saudá-lo como um homem de paz. Posteriormente, Thatcher facilitou a abertura de Moçambique ao ocidente.

A Defesa da Nação contra a Desestabilização Sul-africana

A Mozambique National Resistance MNR (Resistência Nacional Moçambicana), apoiada pela Rodésia e pela África do Sul, era inicialmente composta por elementos remanescentes da oposição colonial à FRELIMO e por guerrilheiros da FRELIMO descontentes ou expulsos. Pouco depois da independência, adotou o nome, já em português, de Resistência Nacional Moçambicana (RENAMO). As forças de segurança rodesianas designaram André Matsangaissa e Afonso Dhlakama para os lugares de chefia, de forma a criar uma aparência de legitimidade.

A RENAMO desencadeou uma campanha de medo e terror: torturaram e mutilaram camponeses desarmados, obrigaram mulheres e crianças a incorporar a guerrilha, queimaram comunidades rurais, pilharam aldeias comunais, destruíram escolas e postos de saúde, e sabotaram linhas de comboio e torres de eletricidade.[48] Vernácio Leone, que viveu num aldeamento colonial, relatou que "a Renamo entrava numa aldeia e juntava toda a população. Iam às nossas palhotas e roubavam o que tínhamos lá. Forçavam então as pessoas a voltar para dentro das casas e pegavam-lhes fogo."[49] Essa violência, que incluía forçar crianças a cortar as orelhas e os seios das suas mães, de modo a torná-los párias sem alternativa a não ser juntar-se à guerrilha, era a característica central da estratégia da RENAMO – como diversos entrevistados que fugiram do movimento quando jovens contaram, sob anonimato, ao Allen.50 De acordo com Stephen A. Emerson, um historiador militar e antigo analista do Departamento de Defesa dos Estados Unidos, o "uso do terror para intimidar inimigos e assegurar apoio entre populações camponesas flutuantes está bem documentado em relatos episódicos, entrevistas com refugiados e em numerosos estudos realizados após a guerra sobre o uso da violência durante o conflito."[51]

Samora e os seus conselheiros subestimaram a capacidade destrutiva da RENAMO, que consideraram ser um grupo de "bandidos armados", e avaliaram mal o papel crucial que desempenharia na campanha de desestabilização de Pretória. A liderança militar de Moçambique acreditava ser mais provável uma invasão em grande escala da Rodésia e da África do Sul. No seu entender, um exército convencional apoiado por jatos, helicópteros, tanques e artilharia fornecidos pelos soviéticos seria a melhor defesa contra esta eventualidade. E assim, a força de guerrilha relativamente eficaz de Moçambique transformou-se num exército inexperiente, mal equipado e com um comando pouco eficiente, incapaz de conter os bandos móveis da RENAMO que operavam nas zonas rurais.

O pressuposto de que a RENAMO entraria em colapso com a queda do governo da Rodésia foi outro erro estratégico. Pelo contrário, a guerrilha encontrou um novo patrono quando o exército sul-africano transferiu o quartel-general e as bases da RENAMO para Phalaborwa, no Transvaal. A Brigada das Forças Especiais da África do Sul reorganizou a estrutura de comando da RENAMO, treinou recrutas, planeou grandes operações e reabasteceu-a através de lançamentos aéreos e desembarques navais.[52]

Em privado, Samora reconheceu que os seus militares não estavam preparados para a reaparição da RENAMO. Enviou então pelotões de elite para a União Soviética para treino anti-guerrilha, e até recrutou antigos soldados africanos que integraram a força de contra-insurgência de elite do exército português.[53] Era, no entanto, muito pouco e demasiado tarde.

Em 1982, a RENAMO espalhava o caos pelas zonas rurais. A destruição pela destruição estava a custar um preço alto. A sua força aumentara de centenas para milhares, com um recurso significativo ao recrutamento forçado, como concluiu Departamento de Estado americano.[54] Em simultâneo, a tendência da Frelimo para denegrir muitos aspetos da cultura tradicional, considerando-a reacionária ou obscurantista, a destituição dos chefes locais, o desdém por todas as religiões e a campanha impopular das aldeias comunais, estavam a afastar muitos camponeses. Os comandantes experientes da RENAMO aproveitaram para obter apoio local em certas regiões de Manica, Sofala, Zambézia e Nampula, apelando ao regresso à "autêntica" sociedade africana.[55] A experiência de Moçambique estava em sérios apuros.

Samora a discursa num comício (CDFF).

7. O DESENROLAR DA REVOLUÇÃO SOCIALISTA MOÇAMBICANA

1983–86

No oitavo ano de Samora como presidente, muitos moçambicanos estavam exaustos e desiludidos. Os militares não conseguiam proteger os cidadãos, o declínio da produção económica era agravado pelos ataques da RENAMO e os alimentos faltavam por todo o lado. Repetida regularmente, a frase "antes tínhamos colonialismo e batata, agora temos independência e não temos batata", refletia bem o crescente sentimento de desespero.

Porque a estratégia marxista da Frelimo já não parecia capaz de resolver crises que se multiplicavam, Samora pressionou a liderança para avaliar criticamente os pressupostos subjacentes aos planos delineados para o futuro de Moçambique. Surgiram assim três estratégias políticas, aparentemente sem relação, mas indissociavelmente interligadas:

- o recuo do socialismo, anunciado no IV Congresso do Partido de 1983
- a Operação Produção, uma significativa deslocação para o campo de desempregados urbanos e indivíduos envolvidos na economia informal
- o Acordo de Nkomati com o regime do *apartheid* da África do Sul.

Decorrendo no espaço de um ano, estas mudanças abalaram a revolução até ao seu âmago.

O Recuo do Socialismo

Nos últimos meses de 1982, Samora e os seus camaradas tomaram medidas para inverter a decrescente popularidade do partido. Após reuniões de alto nível com líderes religiosos, o governo devolveu à Igreja Católica alguns bens anteriormente nacionalizados, criou um Departamento de Assuntos Religiosos no Ministério da Justiça e reconheceu o Dia de

Natal como feriado nacional — eufemisticamente chamado "Dia da Família". Samora perdoou mais de mil conhecidos colaboradores e eliminou a retórica marxista mais estridente, incluindo termos como "inimigo de classe" e "vanguardismo", em prol de uma linguagem que privilegiava o patriotismo e o nacionalismo.[1] Chegou mesmo a reabilitar chefes africanos pré-coloniais, nomeadamente o rei changane Ngungunyane, cujos ossos Samora trouxe pessoalmente de Lisboa — todos eles tinham sido anteriormente rotulados de "senhores feudais."

Nenhum destes gestos corrigia os efeitos severos provocados por uma economia estatal mal gerida. Apesar de os avultados investimentos no cultivo de açúcar, algodão e em outras culturas de rendimento, a produção caiu, privando Moçambique de milhões de dólares em moeda estrangeira. Muitas explorações agrícolas e indústrias geridas pelo estado colapsaram, enviando milhares de trabalhadores para o desemprego. Ao mesmo tempo, a necessidade de importar mais alimentos e bens de consumo acentuou a grave crise da balança de pagamentos do país e forçou o governo a negociar ajuda alimentar de qualquer forma. A gravidade da crise revelava-se nas reuniões semanais entre o Ministro das Finanças e o Governador do Banco Central, onde decidiam se importavam produtos alimentares ou medicamentos.[2]

A má situação económica de Moçambique foi atribuída publicamente pela Frelimo à campanha de desestabilização planeada pela África do Sul, cujos custos foram estimados em 55 mil milhões de dólares. No entanto, em privado, Samora e alguns dos seus conselheiros próximos concluíam que a economia planificada centralmente era também parte do problema.[3] Já em 1980, havia anunciado que o estado deixaria de vender fósforos e cerveja, deixando essa atividade aos comerciantes privados. Começou também a reunir-se com investidores ocidentais para promover empreendimentos económicos conjuntos.

Só no Quarto Congresso do Partido, realizado em abril de 1983, foram propostas e ratificadas reformas económicas de maior alcance. Um relatório da Comissão de Directivas Económicas e Sociais reafirmou o compromisso da Frelimo em desenvolver "as bases de uma economia socialista", mas sugeriu "mudanças radicais na estrutura da economia". Pela primeira vez, esta Comissão reconheceu o papel crítico da produção familiar e a necessidade de aumentar os subsídios do estado, sugerindo investimentos em equipamento agrícola para o sector camponês privado e apoio técnico para a organização de um "sistema de comercialização rural reestruturado", com vista a estimular as trocas comerciais.[4] Samora nomeou João Ferreira, um defensor do financiamento estatal às iniciativas camponesas, para o cargo de Ministro da Agricultura, uma indicação clara de que considerações de ordem prática se sobrepunham agora às preocupações ideológicas.[5]

Outras propostas radicais do relatório apontavam para a necessidade de uma maior coordenação entre as empresas privadas e as estatais, "a integração das empresas privadas no sistema de planificação" e "o incentivo aos investimentos de capital estrangeiro". Até então, o desvio mais significativo ao marxismo-leninismo fora a autorização de Samora para a realização, em 1981, de encontros exploratórios com o Banco Mundial e o Fundo Monetário Internacional, um processo interrompido quando o FMI exigiu a Moçambique o fim aos subsídios aos produtos alimentares e a redução radical das despesas sociais. Mas para levar a cabo estas políticas, Moçambique precisava de tecnologia adequada que garantisse "que o nosso tratorista consiga compreender a máquina e mantê-la em funcionamento."[6] Num comício realizado pouco depois do Congresso, Samora reconheceu que a Frelimo tinha "desenvolvido erroneamente uma atitude hostil à iniciativa privada, que deve ser mudada."[7]

Os mandatos do Quarto Congresso do Partido e as políticas governamentais daí resultantes eram algo contraditórios. Embora continuando a seguir um plano director socialista, a administração de Samora "respondeu à pressão vinda de baixo, relaxando as restrições ao comércio, trabalhando em conjunto com empresas privadas, ou atribuindo terras a pequenos proprietários."[8] Eliminou a fixação de salários nas indústrias estatais, permitindo aos gestores vincular os salários à produtividade. Celebrou contratos com empresas estrangeiras para restaurar a rede de transportes do país e as linhas de energia elétrica de Cahora Bassa, ambas gravemente danificadas pela RENAMO. Os empréstimos a longo prazo concedidos pela França e a Itália, num total superior a 300 milhões de dólares, e um acordo económico com o Brasil, foram os primeiros grandes acordos comerciais com países ocidentais fora da Escandinávia.

Alguns dos mais dogmáticos ideólogos da Frelimo opuseram-se veementemente a este afastamento do marxismo. Samora contra-argumentou que não estava a abandonar os ideais socialistas, mas a procurar "um socialismo que funcionasse em Moçambique". Reafirmou esta posição numa entrevista ao programa *60 Minutos*, na televisão americana. Quando lhe perguntaram se era comunista, respondeu: "Quero alimentar o meu povo, quero vestir o meu povo, quero que a riqueza vá para o meu povo. Se isso significa que sou comunista, então sou comunista."[9]

Operação Produção

Ao contrário do tipo de resposta dada às pressões vindas de baixo, a Operação Produção — um projeto que visava tornar os cidadãos urbanos "economicamente produtivos" — foi um exemplo do resvalamento de Samora e da Frelimo em direção ao autoritarismo. Afrouxando o controlo sobre a economia, o estado reforçou a regulação do quotidiano dos habitantes das cidades. Estas duas políticas, aparentemente contraditórias, estavam, na realidade, ligadas.

O declínio económico de Moçambique precipitou a migração de milhares de indivíduos para os grandes centros urbanos em busca de emprego e de uma vida melhor. O afluxo adicional de refugiados em fuga da RENAMO e de mineiros recentemente despedidos que regressavam da África do Sul, agravou os problemas económicos e sociais em Maputo e noutros locais. Entre 1973 e 1978, a população de Maputo quase duplicou, tendo continuado a aumentar a um ritmo acelerado. Esta invasão pressionou a habitação, o abastecimento alimentar e os cuidados de saúde.[10]

Muito se tem escrito sobre os abusos associados à "limpeza" das cidades, que a Frelimo tentou realizar por várias vezes, sem sucesso. Os seus dirigentes, muitos dos quais passaram mais de uma década no mato, nunca compreenderam inteiramente as complexidades da vida urbana e a vibração da sua economia informal, em particular nos bairros pobres. Na altura da independência, a direção da Frelimo ficou surpreendida pela criminalidade desenfreada, a violência generalizada, as extensas redes de tráfico de droga e os bandos de assaltantes e chantagistas que assolavam as cidades de Maputo e da Beira. Samora insistiu que havia "dezenas de milhares de prostitutas nas grandes cidades na altura da nossa independência."[11] Ele atribuiu esta decadência moral à burguesia — tanto negra como branca — que continuava a controlar a vida urbana.[12] Em resposta, tornou-se o guardião moral da nação, identificou o comportamento adequado para as "massas" e definiu o inimigo "de acordo com uma taxonomia de fraquezas morais — apatia, corrupção e comodismo."[13]

Sete anos de governo da Frelimo não haviam conseguido eliminar estas atividades perversas. A detenção de prostitutas, de traficantes de droga, de contrabandistas, dos que alimentavam o mercado negro, de pequenos delinquentes e de preguiçosos que não queriam trabalhar nem ter responsabilidades acabou por não ter um impacto significativo.[14] A manutenção dos sem-abrigo, da fome, do desemprego e do crime constituiu uma afronta ao sonho de Samora criar o Homem Novo. Para enfrentar estes problemas e controlar mais eficazmente a população urbana, era necessária uma intervenção moral e política radical. Para Samora e para a liderança da Frelimo, a emissão de cartões de residência foi a solução mais adequada.

Em 1982, o governo começou a distribuir cartões de residência aos trabalhadores com emprego reconhecido, a forma de comprovar a sua cidadania urbana. Da posse destes cartões dependia o acesso a serviços sociais básicos, incluindo a habitação, os cuidados de saúde, as rações alimentares e os transportes. Segundo Teodato Hunguana, "a maioria dos residentes urbanos aprovou os cartões, vendo neles uma forma eficaz de controlo populacional que reduziria a delinquência."[15]

E ainda assim, esta medida não resolveu os problemas das zonas urbanas. O afluxo contínuo de migrantes e o desemprego crescente convenceram Samora de que a única alternativa à decadência urbana implicava uma purga radical dos cidadãos "improdutivos" das cidades. Integrado no âmbito da Operação Produção, o plano consistiu em reassentá-los na longínqua e subpovoada província do Niassa, cujas terras férteis facilmente os sustentariam.

No Quarto Congresso do Partido todos concordaram que "as cidades estavam superlotadas de migrantes rurais ociosos, o que dificultava o acesso dos trabalhadores a alimentos suficientes, habitação e todos os outros benefícios da cidadania."[16] Num comício realizado a 21 de Maio de 1983, Samora declarou que "só têm direito de residência [na cidade] aqueles que têm trabalho, que têm trabalho assalariado.

Os marginais, os desempregados, os vagabundos devem ser enviados para o campo, para a produção."[17]

Samora indicou o Ministro do Interior, Armando Guebuza, para supervisionar esta depuração urbana. Guebuza desempenhara um papel semelhante numa anterior tentativa da Frelimo, infrutífera, de livrar Maputo dos indesejáveis e das "mulheres de má vida". Começou assim a muito odiada Operação Produção. Inicialmente o processo foi voluntário: os desempregados foram convidados a registar-se e encorajados a reassentar-se fora das cidades. Quando poucos o fizeram, a expulsão rapidamente se tornou obrigatória.

O problema mais elementar da Operação Produção foi o completo desconhecimento sobre o emprego no sector informal. A ausência de uma definição precisa do que eram "vagabundos" e pessoas "socialmente marginais" constitui um obstáculo adicional. Para os dirigentes da Frelimo, quem trabalhava no sector informal, por exemplo, os pequenos comerciantes, biscateiros, artesãos, barbeiros e esteticistas, os construtores de casas de caniço e outros trabalhadores por conta própria, não eram considerados como trabalhadores "reais", juntando-se ao grupo dos potenciais xiconhocas.

A campanha começou em junho de 1983 e terminou em maio de 1984. Em menos de um ano, cerca de cem mil cidadãos foram arbitrariamente recolhidos e enviados para o Niassa, a província mais remota e menos desenvolvida do país. Quase metade provinha de Maputo, mas milhares foram também expulsos da Beira, Nampula e de outras cidades. As mulheres solteiras, já sob suspeita, estavam particularmente vulneráveis, dado ser menos provável que tivessem documentos. A maioria dos deslocados foi diretamente para os campos de reeducação, e algumas centenas de almas mais afortunadas para uma machamba estatal em Unango, para trabalharem como assalariados.[18]

Todo este processo enfermou de "irregularidades e graves violações dos direitos civis mais elementares."[19] Sobrecarregados de trabalho e sob pressão dos responsáveis locais do partido, os juízes raramente investigavam se as pessoas detidas nas cidades se encontravam, de facto, em situação ilegal. Funcionários do estado e até cidadãos comuns utilizaram por vezes a Operação Produção para ajustar contas antigas.

Os centros de reeducação rurais assemelhavam-se pouco aos centros criados pela FRELIMO durante a luta armada, então concebidos para acabar com as tendências corruptas e incutir valores revolucionários.[20] Havia poucas aulas e os comandantes dos campos, muitos dos quais antigos combatentes, raramente tinham mais do que uma educação rudimentar. Os detidos passavam o tempo a trabalhar nas machambas, a construir e reparar palhotas, ou simplesmente sentados. Para fugir ao tédio, muitos fumavam *dagga* (marijuana), uma droga fácil de adquirir. Assim, os detidos, "socialmente marginais", abandonados e esquecidos por todos, exceto pelas famílias e pelos amigos próximos, não ganhavam nada em estar ali.

Os campos de reeducação não se comparavam aos Gulags soviéticos, como alegavam os críticos de Samora.[21] Denunciando perentoriamente os campos de reeducação da Frelimo, o historiador Benedito Machava foi claro neste ponto: "Os elementos icónicos dos campos de internamento — arame farpado, torres de vigia e exércitos de forças de segurança bem equipadas — não estavam presentes nos campos de Moçambique. Os campos de reeducação não tinham vedação, não tinham torre de vigia e tinham poucos guardas armados. As autoridades assumiram que a localização remota dos campos... era suficiente para refrear as fugas."[22] A nossa breve visita a um centro de reeducação no Niassa, em 1984, corrobora a argumentação de Machava.

As preocupações com as condições nos campos, levantadas por residentes no Niassa que os visitavam, caíam em saco roto. O governador do Niassa, Sérgio Vieira, reconheceu os problemas em reuniões públicas, mas insistiu que apenas Guebuza tinha autoridade para efetuar mudanças.[23] Uma delegação composta por cidadãos preocupados deslocou-se a Maputo para informar Guebuza das condições deploráveis nos campos, trazendo até consigo fotografias de bebés mortos, desmembrados por leões. Depois de esperarem todo o dia por Guebuza, este respondeu friamente: "Não acham que eu sei disso? Vão para casa."[24]

A Operação Produção foi um desastre absoluto. Não conseguiu aliviar os problemas económicos e sociais das cidades moçambicanas, permitiu abusos flagrantes, anulou conquistas importantes no processo de remodelação do sistema judicial e violou o Estado de Direito. Colocou ainda uma pressão enorme sobre os recursos do Niassa e perturbou o serviço aéreo do país durante os quatro meses que demorou o transporte dos "indesejáveis". Não havia qualquer plano para o regresso dos deslocados e, como notou Arlindo Chilundo, ex-governador do Niassa, milhares de deslocados e seus descendentes ainda hoje residem no Niassa.[25]

A Operação Produção afetou gravemente a reputação de Samora como homem do povo. Teodato Hunguana, Ministro da Justiça, tinha-o avisado de que a expulsão forçada constituía um atropelo aos direitos constitucionais dos cidadãos.[26] Muitos jornalistas manifestaram a sua indignação e as vítimas e as suas famílias escreveram diretamente a Samora para falar deste sofrimento. Em resposta, Samora terminou enfim com o programa, onze meses após o seu início — embora oficialmente, apenas quatro anos mais tarde, em Maio de 1988.[27]

Segundo pessoas do seu círculo próximo, Samora enfureceu-se ao tomar conhecimento dos abusos. Em 1985, um ano após o fim da Operação Produção, expulsou Guebuza do Bureau Político e destituiu-o do cargo de Ministro do Interior, despromovendo-o a Ministro sem pasta. Samora estava igualmente exasperado porque os abusos de Guebuza criaram mais inimigos internos.[28] Apenas o apoio do aparelho militar e da segurança do estado a Guebuza, e o facto de ser membro do Bureau Político da Frelimo, impediu Samora de o afastar totalmente do governo.[29]

Para além dos campos de reeducação organizados durante a Operação Produção, a Frelimo, desde a luta armada, tinha os seus presos políticos. Entre os mais destacados encontravam-se os dissidentes Uria Simango e Lázaro Nkavandame, bem como Joana Simião, a líder de uma organização separatista anti-FRELIMO sediada na Beira. Por altura da independência, os três estavam num centro de reeducação no norte de Moçambique. Samora pretendia exibi-los periodicamente em público, para ensinar às futuras gerações sobre as ameaças representadas pelos inimigos internos.

Nas zonas onde as políticas da Frelimo eram mais impopulares, nomeadamente em Nampula e na Zambézia, as chefias insurgentes conseguiram mobilizar as comunidades e os chefes locais, criando, assim, uma base de apoiantes. Em 1983, na sequência dos significativos avanços da RENAMO no norte de Moçambique, Samora e os seus conselheiros militares e de inteligência temeram que, para reforçar as suas pretensões de se constituir como um movimento nacionalista legítimo, a RENAMO tentasse libertar estes três prisioneiros políticos. Samora ordenou então a Aurélio Manave, governador do Niassa, que garantisse que a guerrilha não seria bem-sucedida. Manave, juntamente com altos funcionários do Serviço Nacional de Segurança Popular e dos serviços secretos militares, executou os "traidores", garantindo assim que não cairiam nas mãos da RENAMO.[30]

O grau de envolvimento de Samora neste processo continua a ser controverso. O biógrafo de Simango sugere que Samora o mandou matar pessoalmente. Fernando Ganhão, historiador oficial da Frelimo, e outros próximos de Samora garantem que ele não teve conhecimento da execução.[31] A versão de Ganhão parece inverosímil, já que seria pouco provável que uma decisão tão importante pudesse ter sido tomada sem, no mínimo, a aprovação tácita de Samora.

Já José Luís Cabaço, na altura Ministro da Informação, disse recentemente a Allen que quando Samora soube dos factos considerou, enfurecido, o assassinato de Simango "o cúmulo da estupidez."[32] Um antigo jornalista com acesso regular aos dirigentes da Frelimo insistiu que Samora teve conhecimento da execução pelo embaixador português. Este diplomata tinha-se oposto à proposta de nomeação de Manave como embaixador de Moçambique em Lisboa, com base num relatório dos serviços secretos portugueses que demonstrava o envolvimento de Manave no assassinato de Simango.[33] Após receber esta informação, Samora afastou Manave do cargo de governador do Niassa.

Independentemente de quem planeou e levou a cabo os assassinatos, Samora, na qualidade de presidente, era o responsável, e a sua reputação foi prejudicada por isso. As suas relações com os aliados de longa data, os presidentes Nyerere e Kaunda, sofreram, quando estes souberam que Samora não cumprira a promessa, feita logo após a independência, de proteger os três prisioneiros.

Acordo de Nkomati

Apesar de o apoio do Zimbabwe e da Tanzânia, a situação militar continuou a deteriorar-se. Por fim, o avanço da RENAMO convenceu Samora e os seus conselheiros de que a guerra não podia ser ganha. Assim, foram forçados a reconhecer que a proteção da soberania de Moçambique exigiria uma solução negociada com a África do Sul e o fim da perceção de que Moçambique era um peão da União Soviética.

Em 1982, Samora concluiu que os soviéticos e os seus aliados ou não queriam, ou não conseguiam, fornecer o equipamento militar que faltava a Moçambique. Para além de um punhado de caças MiG-21 e de armas para helicóptero Mil Mi-24, o armamento pesado recebido dos soviéticos estava desatualizado, era dispendioso e inútil contra uma guerrilha. Recebeu também uma resposta negativa quando pediu ajuda para treinar o grande número de soldados de contrainsurgência necessário para conter eficazmente a RENAMO. Os quadros militares soviéticos concordaram em levar apenas um pequeno número de oficiais, colocados na inóspita Sibéria. Samora considerou nessa altura que a relutância de Moscovo se explicava porque o seu principal objetivo era usar Moçambique como um peão na luta contra o ocidente, no quadro da Guerra Fria, e não neutralizar a RENAMO. Samora virou-se então para os britânicos e os portugueses, que treinaram soldados moçambicanos na contrainsurgência, mas em número insuficiente.

Os planos de Samora foram igualmente contrariados por comandantes militares de alta patente que, empenhados na guerra convencional, privilegiavam o acesso a armamento pesado. Ignorando as ordens do presidente, dispersaram os membros das unidades recém-treinadas, em vez os juntar em frentes estratégicas. Foi a primeira vez que algum general desobedeceu a Samora. E não seria a última.

A receção pouco entusiasta em Moscovo, no ano seguinte, quando chefiou uma delegação militar, cimentou a sua convicção de que Moçambique já não era uma prioridade. No regresso, dececionado e desiludido, confessou a um ministro que "já não podemos aceitar a ideia de que a União Soviética é o nosso aliado natural certo."[34]

Neste contexto, para conter a agressão sul-africana, Moçambique precisava de reforçar os laços com o ocidente. Samora recorreu inicialmente à primeira-ministra britânica, Margaret Thatcher. No ano seguinte, encontrou-se com o grande aliado desta, o Presidente Ronald Reagan, que Samora tratava afetuosamente por "Ronnie."[35] Nenhum dos dois providenciou qualquer apoio concreto.

Assim, a única forma de pôr termo à guerra implicava iniciar negociações com a África do Sul. Samora levou este plano, em primeiro lugar, ao Bureau Político da Frelimo, e, depois, ao Conselho de Ministros. Ninguém parece ter discordado.

Três dos conselheiros mais próximos de Samora conduziram a negociação dos contornos gerais do "Acordo de Não Agressão e Boa Vizinhança", conhecido por Acordo de Nkomati. Jacinto Veloso, Ministro da Segurança, liderou a equipa de negociação. Óscar Monteiro, advogado e membro do Bureau Político, desempenhou igualmente um papel fulcral. Fernando Honwana, uma estrela em ascensão na Frelimo e o representante pessoal de Samora durante as negociações de Lancaster House, foi o terceiro elemento.

As discussões mais concretas só se iniciaram em dezembro de 1983, embora no ano anterior Honwana já tivesse mantido conversações exploratórias na Suíça com representantes da RENAMO. As negociações foram longas e árduas. Ambas as partes reconheceram, porém, que o interesse na obtenção de um acordo era partilhado. Depois de discussões complexas, marcadas pelo abandono momentâneo da África do Sul, em resposta a afirmações de Óscar Monteiro contra a história de agressão racista de Pretória, as partes definiram os termos finais, que incluíam um pacto de não-agressão e a criação de uma comissão conjunta para implementar o acordo.[36] O documento final foi assinado numa cerimónia pública em Nkomati, uma vila sul-africana na fronteira com Moçambique, a 16 de março de 1984.

Muitos aliados da Frelimo ficaram furiosos com Samora. Tinham-no visto em traje militar a conversar civilizadamente com o seu arqui-inimigo, o Primeiro-Ministro sul-africano P. W. Botha. Ouviram-no declarar que a assinatura do acordo era "um ponto alto da história das relações entre os nossos dois estados e um ponto alto da história da nossa região."[37] Perceberam também que este tratado implicava o abandono pela Frelimo do seu compromisso histórico com o Congresso Nacional Africano (ANC). O Presidente Julius Nyerere da Tanzânia, que fora informado dos termos gerais do acordo antes da assinatura, e que concordou em privado que Moçambique não tinha alternativa, manifestou publicamente a sua fúria.[38] A União Soviética e os seus parceiros, o Partido Comunista da África do Sul e ativistas anti-*apartheid* do mundo inteiro condenaram a decisão considerando-a uma traição de proporções gigantescas. Já os altos quadros militantes do ANC, embora inicialmente se tenham mostrado hostis, concluíram com relutância que Moçambique não tinha outra saída.

Houve confusão e raiva em alguns círculos moçambicanos, especialmente depois de Samora afirmar que Maputo forçara Pretória a estar presente na mesa das negociações e que o acordo era uma grande vitória para a revolução. Carlos Cardoso, muitos dos seus colegas da Agência de Informação de Moçambique, gerida pelo estado, e alguns professores da Universidade Eduardo Mondlane contestaram esta representação do acordo. Para eles, o Acordo de Nkomati era um recuo vergonhoso.[39] Em Maputo circulavam rumores que, insatisfeitas, as forças de segurança ligadas a Guebuza estavam a planear um golpe de estado.[40]

Nos termos do Tratado, a África do Sul e Moçambique comprometeram-se a não permitir que os seus espaços nacionais fossem usados por terceiros para cometer atos de violência contra a integridade territorial ou a independência política da outra parte. Para a África do Sul, o acordo garantia que Moçambique deixava de apoiar o ANC e prevenia possíveis ataques por parte das forças soviéticas estacionadas em Moçambique — em relação às quais Pretória estava totalmente paranóica. Em troca, a África do Sul prometeu o fim da ajuda militar à RENAMO.[41] Embora a África do Sul tenha procurado também um reconhecimento diplomático e outras concessões, Samora recusou mais cedências.

A crença de Samora de que o Acordo de Nkomati constituiria uma oportunidade para a reconstrução de Moçambique revelou-se ilusória, uma vez que Pretória nunca deixou de prestar assistência militar à RENAMO. As Forças de Defesa Sul-Africanas continuaram a fornecer armas e munições, largadas por via aérea, a usar submarinos ao largo da costa moçambicana para reabastecer unidades de guerrilha e a permitir que um grande número de insurgentes da RENAMO entrasse em Moçambique desde os seus campos no Transvaal.[42] Documentos encontrados em 1985 na sede da RENAMO, na Gorongosa, revelaram a dimensão desta farsa.

As forças de segurança sul-africanas continuaram igualmente a reabastecer as forças da RENAMO baseadas no Malawi, próximas da fronteira moçambicana.[43] Ansioso por conter este fluxo de homens e armas, Samora voou para o Malawi em 1985, numa tentativa fracassada de convencer o Presidente Hastings Banda a deixar de apoiar a RENAMO. No ano seguinte, milhares de terroristas da RENAMO lançaram fortes ataques no centro de Moçambique a partir das bases situadas no Malawi, capturando sedes distritais e ameaçando cortar Moçambique ao meio.[44] Ao proclamar que agora estava a lutar nas dez províncias moçambicanas, a propaganda da RENAMO obteve uma importante vitória.

Em breve Moçambique foi obrigado a aceitar a inclusão de um representante da RENAMO na comissão que fiscalizava do acordo, legitimando assim a guerrilha e permitindo à África do Sul reivindicar o papel de pacificador entre duas facões beligerantes moçambicanas. Em Outubro de 1985, Moçambique retirou-se daquela comissão, marcando o fim efetivo do Acordo de Nkomati.

Ainda assim, este acordo beneficiou Moçambique de várias formas. Embora a África do Sul mantivesse secretamente o apoio à RENAMO, o grau de assistência diminuiu. Mais importante, sem o acordo, a ajuda encoberta dos Estados Unidos à África do Sul e à RENAMO teria provavelmente aumentado, dada a intensificação dos esforços da administração Reagan para reduzir a influência soviética.

Os apoiantes do acordo defenderam também que este abriu o caminho para as reuniões de Pretória em 1986, nas quais representantes da RENAMO se reuniram com os mesmos funcionários moçambicanos que negociaram em Nkomati. Vários altos dirigentes da Frelimo criticaram a reunião, porque credibilizou a RENAMO.[45] Não obstante, estas discussões foram um importante primeiro passo no longo processo de paz, que culminou com o Acordo de Roma, celebrado em 1992.

Em 1986, a maior parte dos sonhos de Samora tinha-se evaporado. Ele estava cada vez mais mal-humorado e isolado. No início do ano, o Conselho de Ministros e o Bureau Político da Frelimo decidiram contrabalançar o seu poder, criando os cargos de Primeiro-Ministro e de Presidente da Assembleia Popular. Apresentada como uma oportunidade para Samora se concentrar na guerra contra a RENAMO, a história desta mudança é bem mais complicada. Um grupo de jovens turcos, frustrado pela sua geração não ter acesso aos cargos de poder, aliou-se, pelo menos, a um alto quadro do partido para introduzir estas mudanças numa reunião do Comité Central. Samora ficou espantado, mas acabou por concordar e, num gesto para salvar a face, anunciou publicamente as mudanças.[46]

A sua autoridade deparou-se ainda com outros desafios. No parlamento, Guebuza e os seus apoiantes criticaram o processo de reabilitação do rei Ngungunyane de Gaza realizado por Samora, questionando por que razão ignorara outros chefes importantes, com quem não partilhava uma filiação étnica.[47] Entretanto, militares de alta patente ignoraram ou desobedeceram às suas ordens, houve rumores de golpes militares iminentes e um dos camaradas próximos – talvez não o único - acusou-o em privado de agir como um ditador.[48] Por fim, ao ter negociado com o regime do *apartheid*, Samora prejudicou irreversivelmente o seu estatuto de herói revolucionário, a nível interno e internacional.

A vida pessoal de Samora também sofreu neste período. Os filhos lembram-se de como o seu divertido pai se tornou cada vez mais distante e mal-humorado.[49] O quotidiano ficou ainda mais tenso depois de uma tentativa de atentado e do crescimento dos rumores sobre um golpe iminente.[50] A relação de Samora com Graça, que trabalhou muito para manter a família unida, também se deteriorou. A um amigo, Graça confidenciou que "Samora estava em péssimo estado."[51]

Mas o pior é que Samora nunca viveria para ver, como tanto sonhara, a paz chegar a Moçambique.

Samora com estudantes.
Cortesia de António Alves Gomes.

8. QUEM MATOU SAMORA?

Por volta das nove horas da noite de 19 de outubro de 1986, o avião presidencial que transportava, de Lusaca para Maputo, Samora e os seus conselheiros, despenhou-se misteriosamente nas montanhas de Lebombo, na África do Sul, a menos de um quilómetro da fronteira moçambicana. Dos trinta e cinco passageiros a bordo, apenas nove não morreram— Samora encontrava-se entre as vítimas.

Na tarde seguinte, após horas de incerteza e rumores públicos, Marcelino dos Santos anunciou, com a voz embargada, que Samora morreu. A declaração oficial da Assembleia Popular, do Conselho de Ministros e do Comité Central da Frelimo descreve a sua morte como uma "perda irreparável para o povo moçambicano, para África e para a humanidade."[1]

Os moçambicanos estavam em estado de choque. A revista *Tempo*, o principal semanário do país, foi inundada por cartas que manifestavam incredulidade e tristeza. Muitos condenaram o regime do *apartheid*. Uma manchete dizia "os *boers* mataram o melhor filho do povo moçambicano", enquanto outra previa que "o sangue dos que caíram vai incendiar o *apartheid*."[2] Típica foi a carta de Estêvão Passangeze, que se referiu a Samora como "nosso pai", termo usado por muitos moçambicanos para descrever o lugar especial ocupado por ele nos seus corações. Estêvão escreveu sobre a sua fúria contra o regime do *apartheid* e assegurou a Samora que "tu estarás sempre nas nossas almas e juntos continuaremos a Revolução que tu inspiraste". Eduardo Mussegula, um estudante da escola secundária de Nampula, reforçou este sentimento, vaticinando que a memória de Samora e tudo o que ele havia conquistado "continuaria a viver para a eternidade."[3]

Mensagens de dignitários de todo o mundo, de Fidel Castro a Maureen Reagan, e de cidadãos estrangeiros comuns, lamentaram a perda.[4] Coretta Scott King, na sua carta de condolências a Graça Machel, traçou um paralelismo entre a trágica perda de Samora e o assassinato do seu marido: "O Presidente Machel possuía uma graça e uma sensibilidade excecionais. Parecia perceber as coisas sob uma nova luz ... Quando estive perante ele, vi um homem que apresentava possibilidades insuspeitas de propósito e de acção. O seu querido marido viveu para ver uma República Popular de Moçambique livre e independente. Tal como Martin, ele pode não ter vivido o tempo suficiente para realizar as suas próprias possibilidades, mas o seu sonho permanece para si, para a sua família e para o seu povo, que ele amava muito."[5]

Ao funeral de Samora não compareceram dois sul-africanos proeminentes, situados em barricadas opostas. O pedido de participação do Presidente P. W. Botha foi veementemente rejeitado. Incrédulo, um alto funcionário declarou: "É simplesmente inimaginável que Botha venha aqui."[6] Da sua cela em Robben Island, Nelson Mandela apelou para que lhe fosse permitido honrar pessoalmente o seu camarada tombado. Em mais de vinte anos de encarceramento, foi a única vez que pediu para ser libertado temporariamente. O seu pedido caiu em orelhas moucas. Numa carta pessoal dirigida a Graça, Winnie Mandela escreveu:

> *Nunca antes tínhamos feito um pedido para sair da África do Sul. Hoje acreditávamos que o nosso lugar era estar fisicamente convosco.*
>
> *Cada um de nós está preso em cadeias diferentes. Fomos impedidos de estar hoje convosco para partilhar a vossa tristeza, para chorar convosco, para aliviar a vossa dor, para vos abraçar muito de perto. O nosso pesar pelo Camarada Samora é tão profundo que se desvanece no coração. Durante toda a noite, temos estado em vigília convosco. Durante todo o dia de hoje*

choraremos convosco por um soldado valente, um filho corajoso e um nobre estadista.[7]

No Zimbabwe, na manhã de 20 de outubro, uma multidão estimada em cinco mil pessoas apedrejou os escritórios da South African Airlines, da Malawi Airways e da embaixada americana.[8] Por toda a África do Sul, os cidadãos lamentaram a sua morte de outras formas. Um jovem produtor cinematográfico sul-africano disse de Samora: "Com a sua farda militar e empunhando uma AK-47, ele foi o nosso guerrilheiro no mato."[9] Da Guiné a Portugal, do Mali ao Egito, houve dias, ou mesmo semanas, de luto nacional, em honra do "filho querido de África, que lutou contra a discriminação racial e era uma fonte de inspiração para os que vivem neste continente e em todo o mundo."[10]

Prelúdio do Despenhamento

Após a independência do Zimbabwe em 1980, o Governo do Malawi permitiu a entrada de oficiais militares sul-africanos no país a fim de fornecerem armas e treino às forças da RENAMO aí localizadas. Este apoio continuou mesmo após a assinatura do Acordo de Nkomati. No dia 11 de setembro de 1986, Samora voou para Blantyre para se encontrar com o Presidente Banda. Mostrou então a Banda documentação que provava a ligação entre o Malawi e a África do Sul e advertiu que haveria consequências duras se a ajuda do Malawi à RENAMO continuasse. A reunião não produziu quaisquer resultados práticos.

Samora estava lívido. No seu regresso improvisou uma conferência de imprensa no aeroporto de Maputo e acusou os militares sul-africanos de utilizarem o território malawiano para desestabilizar e destruir Moçambique. Quando lhe perguntaram acerca da reação de Moçambique apresentou um plano de ação: "Primeiro, colocar mísseis ao longo de toda a fronteira malawiana. Nós temos muitos mísseis, eles simplesmente não têm um alvo. Em segundo lugar, fechar a rota do Malawi através de Moçambique para o Zimbabwe e a África do Sul."[11] Em seguida, realizou uma viagem amplamente publicitada a Tete, para avaliar o grau de preparação das tropas estacionadas ao longo da fronteira com o Malawi.[12] Alimentando a indignação pública, a Organização da Juventude Moçambicana protestou no exterior da embaixada do Malawi em Maputo. Houve também protestos nas proximidades da fronteira malawiana com a província de Tete, onde os participantes expressaram "raiva e frustração com o facto de o Malawi estar a apoiar o esforço da RENAMO para dividir Moçambique ao longo do Zambeze."[13] Samora visitou então a principal base aérea de Moçambique em Nacala, a partir da qual os MiG poderiam facilmente atacar o Malawi.

Reais ou um mero bluff, as ameaças de Samora preocuparam nitidamente Pretória, que no mês seguinte ameaçou com uma intervenção militar. A responsabilidade pela explosão de uma mina terrestre na África do Sul foi atribuída a Moçambique, e o Ministro da Defesa Magnus Malan disse que haveria represálias.[14] Entretanto, os jatos militares sul-africanos violavam regularmente o espaço aéreo moçambicano e Pretória anunciou que não permitiria mais a presença de trabalhadores moçambicanos nas minas sul-africanas, o que custaria a Moçambique 50 milhões de dólares. Os órgãos de informação do estado sul-africano começaram a divulgar rumores de que Samora perdera a confiança do povo e enfrentava uma forte oposição no seu governo. Uma destas notícias chegou a sugerir, falsamente, que fora forçado a fugir de Maputo para a vizinha Ilha da Inhaca.[15]

Pretória tinha muitas razões para desejar a morte de Samora. Há muito que ele era um símbolo da oposição ao *apartheid*, cativando a imaginação dos jovens militantes da África do Sul que adoptaram o slogan da Frelimo, "A luta continua", como seu. Manifestantes carregavam regularmente cartazes comemorativos da revolução moçambicana, os adolescentes passeavam pelos bairros pobres tocando canções de rap que idolatravam Samora e as suas fotografias e desenhos eram colocados sub-repticiamente em espaços públicos e em edifícios abandonados.

No dia 11 de outubro de 1986, o governo moçambicano anunciou que Pretória planeava atacar Maputo para substituir Samora por um líder da sua preferência. Nesse mesmo dia, Samora reuniu-se em privado com um pequeno grupo de jornalistas moçambicanos. Quando Carlos Cardoso manifestou o receio de que o regime sul-africano tencionava assassiná-lo, Samora interrompeu, declarando: "Eles já tentaram. Em novembro de 1985, infiltraram bazucas em Moçambique que deveriam ter sido usadas para me assassinar". Fez então uma pausa, e declarou: "Sou um empecilho para eles, não me vendi a ninguém."[16] Embora não exista uma verificação independente desta tentativa de assassinato, os esquadrões da morte sul-africanos tinham já eliminado membros do Congresso Nacional Africano em Maputo, e existem provas de que continuavam a operar na capital de Moçambique[17]

Oito dias depois, Samora e os seus conselheiros superiores voaram para a Zâmbia para se encontrar com o Presidente Kaunda e o Presidente de Angola, José Eduardo dos Santos, no intuito de explorar formas para conter a desestabilização regional criada da África do Sul.[18] A reunião terminou ao anoitecer. Embora as normas vigentes proibissem o presidente de voar à noite, Samora insistiu em regressar logo a Maputo, para poder participar na manhã seguinte numa reunião onde planeava anunciar mudanças radicais na hierarquia militar. Era sua intenção substituir oficiais superiores ineficazes ou acomodados por oficiais mais jovens e bem treinados, em quem tinha maior confiança.

Só dez horas após o acidente, o Ministro dos Negócios Estrangeiros da África do Sul, Roelof "Pik" Botha, informou Sérgio Vieira, Ministro do Interior de Moçambique, da morte de Samora e da maioria dos outros passageiros que se encontrava no avião. Nessa altura, já as forças de segurança tinham passado a pente fino os destroços, recolhendo objetos pessoais e documentos confidenciais. A delegação de Maputo chegou ao início dessa tarde. Encontraram os corpos das vítimas cobertos com lençóis e cobertores e os restos mortais de Samora num saco de plástico selado dentro de um caixão. Carlos Cardoso descreveu o momento em que viu o cadáver de Samora: "O saco foi aberto da cabeça para baixo, mas a minha primeira sensação forte de que estava mesmo a olhar para o corpo de Samora Machel veio quando vi a sua mão direita, repousando na barriga. Aquelas mãos em vida nunca pararam de se mexer. Estão gravadas nas memórias de muitos moçambicanos através do contacto pessoal com o Presidente, através de fotografias e filmes, através das muitas reuniões e comícios que ele dirigiu. Só depois é que reparei numa pequena parte da barba que se tornou famosa em todo o mundo."[1]

A Morte de Samora: Indícios de Assassinato

Mais de trinta anos depois destes acontecimentos, foram apenas divulgadas provas incompletas sobre as causas da queda do avião. Os que planearam e realizaram a conspiração para matar Samora continuam por identificar, apesar das investigações levadas a cabo pela Comissão Margo, criada pela África do Sul em 1987, ainda sob o *apartheid*; das diligências da Comissão de Verdade e Reconciliação da África do Sul, já na era pós-*apartheid*, que recolheu em 1998 diversos testemunhos; e dos trabalhos de uma comissão que juntou Moçambique e a África do Sul, criada em 2010.

Previsivelmente, a África do Sul refutou de imediato qualquer envolvimento, imputando o "acidente" a um erro do piloto. O Ministro dos Negócios Estrangeiros Botha anunciou que tinham sido encontrados vestígios de álcool no sangue dos pilotos soviéticos.[20] Circularam então rumores sobre a inexperiência do piloto, apesar de o Capitão Yuri Novodran ter voado mais de setenta vezes de Maputo e para Maputo, quase sempre à noite.[21] A Comissão Margo de 1987 também atribuiu a responsabilidade da queda a um erro do piloto, mas os materiais que poderiam ajudar a esclarecer melhor o rumo desta investigação permanecem fechados à chave nos arquivos militares e nacionais da África do Sul. Onze anos depois da morte de Samora, o Coronel João Honwana, comandante da Força Aérea de Moçambique, ouvido na qualidade de testemunha especializada na investigação da Comissão de Verdade e Reconciliação (TRC, na sua sigla em inglês), desafiou a versão de Pretória sobre a experiência e habilidade do piloto e da tripulação, observando que tinha voado "muitas vezes naquele mesmo avião com eles."[22]

A TRC ouviu outros testemunhos, nomeadamente de militares sul-africanos, que põem em causa as conclusões da Comissão Margo. Muitos dos depoimentos, só recentemente divulgados, apontam diretamente para o envolvimento do regime do *apartheid*.[23] Pretória tinha certamente interesse neste desfecho, e já antes tentara assassinar Samora.[24]

A explicação mais provável aponta para que os sul-africanos tenham colocado um potente farol de navegação portátil perto do local do acidente.[25] Ao transmitir com a mesma frequência da sinalização VOR do aeroporto de Maputo e usando o mesmo código, este engenho pode ter-se sobreposto ao equipamento moçambicano, que estaria possivelmente desligado. Os pilotos confiaram nas indicações que pensavam vir de Maputo quando, a oitenta milhas da capital, foram atraídos para fora da rota. Testemunhando perante a TRC, o Coronel João Honwana confirmou, baseado nas poucas provas na posse de Moçambique, que "através dos dados de voo e dos registos de voz do cockpit, ficou claro para nós que a tripulação estava convencida de que estava a seguir o VOR. Ou seja, o VOR de Maputo."[26]

O primeiro indício da existência de sabotagem eletrónica surgiu na manhã seguinte ao acidente. Johan Coetzee, o comissário local da polícia sul-africana, disse inexplicavelmente a Sérgio Vieira, que liderava a delegação moçambicana, que "a minha tripulação [de helicóptero] diz que é preciso procurar um farol por ali [perto do local do acidente]". No dia seguinte, um correspondente da United Press International assegurou ter recebido uma informação, sob anonimato, de um alegado oficial da Força Aérea sul-africana, segundo a qual militares colocaram perto do local da queda do avião um farol de engodo.[27] A posterior análise dos gravadores de voz do cockpit demonstrou a surpresa do piloto pelo facto de o VOR estar a orientar o piloto automático para sudoeste, em vez de se manter na rota definida. É possível ouvir o piloto comunicar à torre de controlo do aeroporto de Maputo que não conseguia ver as luzes da cidade.

Pretória recusou-se a partilhar com as equipas técnicas e de segurança moçambicanas informações que podiam esclarecer a causa do despenhamento. No entanto, Armando Guebuza, o então Ministro dos Transportes que coordenou o lado moçambicano da investigação, mostrou-se confiante de que estas provas fragmentadas eram suficientes para suportar a conclusão de que "o avião estava a seguir os sinais de um VOR que não era o de Maputo. Foi este VOR que provocou o desvio fatal do avião da sua rota normal."[28]

Segundo Willem Oosthuizen, um membro do Departamento de Segurança da África do Sul que falou na TRC, esta não seria a primeira vez que Pretória recorreu a um estratagema desta natureza, já que instalou faróis portáteis na Namíbia logo em 1979. O seu testemunho tornou-se, porém, muito mais relevante e devastador quando afirmou que, duas semanas após o acidente, numa pequena base dos serviços secretos militares perto do local do acidente, viu um "farol móvel" cilíndrico, de cerca de quatro metros de altura com uma antena no topo. "Quando o vi... percebi que não tinha sido um acidente."[29] Oosthuizen também referiu que, mais tarde, quando patrulhava a costa do Oceano Índico, reparou na presença de pessoas numa traineira a atirar objetos borda fora, incluindo um cilindro que "se parecia especificamente com aquele que eu tinha visto alguns dias antes na base da Polícia de Segurança.[30] Temendo pela sua vida, manteve-se em silêncio durante mais de uma década, até que foi ameaçado de ser processado, caso se recusasse a testemunhar.

A TRC ouviu também três outros membros das Forças de Defesa Sul-Africanas que afirmaram ter visto um farol antes do acidente, que poderia facilmente ter sido transportado num jipe. O Coronel Mossie Basson, especialista em guerra eletrónica, confirmou que elementos da ultra-secreta *Signals Intelligence Division* tinham estado em Mbuzini na noite em que o avião se despenhou.[31] Residentes locais recordaram-se também de um campo militar temporário situado em Busoni, que foi desmantelado por essa altura.[32] Além disso, os investigadores da TRC souberam que as forças militares sul-africanas estiveram em alerta máximo na noite do acidente e que uma unidade de reconhecimento de comandos de elite fora enviada para a zona onde o avião se despenhara.[33] Por último, militares de alta patente, incluindo o General das Forças Especiais, Jeep Joubert, e o chefe dos Serviços Secretos Militares, Kat Liebenberg, terão voado para a zona e passado essa noite na vizinha base das Forças Especiais de Spitskop.[34]

Existem provas adicionais que implicam o regime do *apartheid*. Vários dias antes do acidente, o Ministro da Defesa sul-africano, Magnus Malan, voou secretamente para o Malawi, onde ele e os seus homólogos malawianos discutiram como eliminar Samora.[35] Uma noite ou duas antes do acidente, Paulo de Oliveira, chefe da RENAMO em Lisboa, recebeu instruções urgentes da segurança sul-africana para os insurgentes reivindicarem "a responsabilidade por abater o avião de Samora."[36]

Parte substancial da informação mais contundente foi descoberta pela investigadora da TRC, Debra Patta. Ela recebeu ameaças de morte anónimas, incluindo a de um homem que a avisou que se não terminasse a investigação ia "apontar-lhe uma arma à cabeça". Noutra ocasião, foi confrontada com indivíduos que disseram que "ficaria toda queimada" se continuasse a brincar com o fogo.[37]

Em Moçambique, muitos acreditam que oficiais moçambicanos descontentes desempenharam um papel na morte de Samora. Embora se mostrem relutantes em falar em público, por temerem represálias, alguns insistem que o despenhamento não podia ter acontecido sem qualquer tipo de envolvimento moçambicano, o que explicaria o mau funcionamento do farol do aeroporto de Maputo e as comunicações erráticas via rádio entre a torre e o avião presidencial.[38] Outros sublinham que Samora tinha muitos inimigos e que o seu comportamento inconstante e a sua popularidade decrescente encorajaram os adversários.

Sob pressão interna e internacional para determinar quem planeou a morte de Samora, Moçambique e o governo da África do Sul pós-*apartheid* constituíram uma comissão bilateral em 2010. Após a realização de extensas entrevistas em Moçambique, na África do Sul e em países vizinhos, em 2014 os investigadores solicitaram uma reunião com o Presidente Guebuza. Aparentemente, esse encontro não chegou a realizar-se. O estatuto e a essência do relatório que terá sido produzido neste âmbito permanecem desconhecidos, não havendo ainda indicações sobre a existência de investigações realizadas posteriormente.[39]

Samora a dançar durante uma tempestade.

9. A VIDA POLÍTICA PÓSTUMA DE SAMORA E AS POLÍTICAS DA MEMÓRIA

Nos últimos anos da sua vida, Samora, bem como a liderança da Frelimo, foram forçados a atenuar a sua agenda radical. O seu sucessor, Joaquim Chissano, presidente entre 1986 e 2005, foi ainda mais longe, abandonando totalmente o projeto socialista a favor do neoliberalismo e do capitalismo de mercado.

Como parte do processo de negação do passado radical da Frelimo, os seus dirigentes procuraram diminuir o legado de Samora. Mas esta campanha, que M. Ann Pitcher descreveu acertadamente como um "esquecimento organizado", não erradicou a memória do falecido presidente dos corações e mentes de milhões de moçambicanos. Para muitos, a morte tornou Samora num símbolo romantizado. A nostalgia que o envolvia era tal, que Armando Guebuza, sucessor de Chissano e presidente entre 2005 a 2015, corrigiu o rumo anterior e ressuscitou a imagem de Samora. Fê-lo para promover a sua estreita agenda nacionalista, relativizando a tensão existente entre os dois durante a vida de Samora.

Suprimir o Socialismo, Suprimir Samora

Quando Chissano tomou posse, Moçambique vivia múltiplas crises. O contínuo colapso económico e a enorme dívida nacional, estimada em mais de 3 mil milhões de dólares, eram as mais dramáticas. Com poucas opções, Chissano procurou alívio junto do Fundo Monetário Internacional e do Banco Mundial. Estas instituições exigiram, como condição prévia para a concessão de empréstimos, a adoção de uma política de ajustamento estrutural que impunha duas grandes medidas: a eliminação dos subsídios estatais à alimentação, habitação, cuidados de saúde e educação e a redução do apoio a outros serviços sociais; e a eliminação das barreiras ao investimento estrangeiro privado.

Após uma breve tentativa de articular ideais socialistas e políticas de construção de um mercado livre, tanto o Governo de Chissano como a Frelimo sucumbiram à pressão. No Quinto Congresso do Partido, em 1989, a Frelimo abandonou formalmente o marxismo-leninismo, renunciando à pretensão de ser um "partido da aliança de operários e camponeses". Em vez disso converteu-se num "partido de todo o povo" convencionalmente nacionalista, com uma agenda a favor do mercado livre.

O acordo com o FMI em 1987 desferiu o derradeiro golpe de misericórdia no socialismo moçambicano. O preâmbulo da nova Constituição, promulgada em 1990, celebrava a luta pela independência, mas omitia qualquer referência ao direito de os cidadãos terem acesso gratuito à saúde e à educação. Nos tépidos desfiles do Dia do Trabalhador, os funcionários pediam simplesmente salários mais elevados e limites à inflação. O empreendedor capitalista substituiu o Homem Novo socialista nas publicações governamentais e nas revistas de investimento.[1]

A relação de Moçambique com a RENAMO foi igualmente branqueada. O movimento já não era considerado um grupo de bandidos armados, ou mesmo insurgente. Em vez disso, durante as negociações de paz, que se prolongaram de 1990 a 1992, o Presidente Chissano abraçou-os como os "nossos irmãos no mato". O acordo assinado em Roma em Junho de 1992, sob os auspícios da Igreja Católica, reconheceu à RENAMO o direito de participar no processo político.

O longo e muito contestado processo de criação de uma nova da letra para o hino nacional simbolizou bem a luta geral pela reescrita do passado. A composição original, redigida por militantes em vésperas da independência, celebrava "o derrube do colonialismo", "a luta contra o imperialismo" e exprimia a confiança de que "o nosso país será o cemitério do capitalismo e da exploração". Na sua estrofe final salientava-se que o trabalho "dos operários e camponeses produzirá sempre riqueza."[2] Em 1983, uma revisão manteve a celebração do socialismo.[3]

O Parlamento de 1994, que incluía já vários deputados da RENAMO, solicitou a criação de um novo hino nacional que refletisse as conquistas de Moçambique, sem se vincular a qualquer ideologia. A administração de Chissano lançou um concurso, arbitrado por um júri composto por representantes da Frelimo e da RENAMO, em que o vencedor receberia um valioso prémio de 25 milhões de meticais. Foram necessários quatro anos para chegar a uma versão considerada aceitável, já que os autores e o júri se envolveram num debate sobre se o texto deveria romper com o passado ou continuar a celebrar conquistas pretéritas. A versão final nada dizia sobre a exploração capitalista e as lutas dos operários e camponeses, privilegiando uma mensagem nacionalista que celebrava o povo moçambicano.[4]

A supressão do passado socialista de Moçambique implicava, necessariamente, diminuir o significado histórico de Samora. Depois das reportagens sobre a sua morte e das longas filas de pessoas à espera para prestar uma última homenagem, depois das fotografias comoventes do funeral e do luto da família, as notícias sobre o falecido presidente tornaram-se cada vez mais escassas. Na revista *Tempo*, nos jornais *Notícias* e *Diário de Moçambique* Samora foi desaparecendo. O seu nome era seguramente invocado nas celebrações da Independência, por vezes nos dias do aniversário e da morte e, periodicamente, os repórteres voltavam a questionar as causas da sua morte suspeita.[5] A Frelimo também organizou eventos nacionais no décimo, vigésimo e trigésimo aniversários do seu desaparecimento.[6] Samora estava reduzido a um artefacto da história. Atendendo ao desejo de Chissano afirmar-se, libertando-se do "samorismo", José Luís Cabaço, antigo Ministro da Informação, considerou a supressão inevitável: "A administração Chissano teve de silenciar o passado para garantir a implementação bem-sucedida das suas novas políticas neoliberais."[7]

Vinte anos após a morte de Samora e dois anos depois da subida ao poder de Armando Guebuza, a imagem do antigo líder foi ressuscitada e ele passou novamente a ser homenageado nos círculos oficiais. Ironicamente, isto fazia parte de um estratagema cínico, montado pelo antigo rival para aumentar a sua popularidade enquanto legítimo líder nacionalista. Guebuza associou-se a Samora, juntamente com a sua administração, realçou como partilhavam um compromisso nacionalista, mas, simultaneamente, ignorou as suas ideias socialistas.

Sucederam-se as manobras de Guebuza para explorar o prestígio de Samora como pai da nação. Ele ordenou que o rosto de Samora surgisse nas notas e moedas moçambicanas e que fossem construídos monumentos em seu louvor por todas as províncias, um símbolo do ressurgimento do nacionalismo moçambicano. Em 2008, organizou a celebração nacional dos setenta e cinco anos de Samora, e a imagem do antigo presidente surgiu novamente em cartazes e publicações da Frelimo. Guebuza ajudou a criar o Centro de Documentação Samora Machel. Jornais pró-governamentais publicaram retrospetivas memorialistas, e as suas principais façanhas destacavam-se na maré de livros de memória, escritos tanto por companheiros de Samora, como por cidadãos comuns.[8]

Recordar a Partir da Baixo

Apesar dos esforços para obliterar a memória de Samora, esta nunca morreu verdadeiramente. Nas décadas após o seu desaparecimento, as memórias daqueles que lutaram ao seu lado celebraram-no como líder. A Associação de Ex-Combatentes recolheu e arquivou relatos orais dos membros que estiveram na luta armada sob a liderança de Samora.

Já os sindicalistas não estavam preparados para perder tudo o que conquistaram durante o período socialista. Lamentaram as novas políticas favoráveis ao mercado, que agravaram as dificuldades económicas dos seus membros, bem como a pouca atenção dedicada por Chissano às celebrações do 1º de Maio, que Samora tornara numa das principais referências da cultura popular. Uma carta enviada em 1997 ao editor do *Notícias*, com o título "Era uma vez o Primeiro de Maio", captou este sentimento: "foram momentos áureos, e é com grande nostalgia que muitos trabalhadores como eu se lembram desses momentos. Realizavam-se desfiles por todo o país, e especialmente em Maputo, onde as manifestações se revestiam de grande importância."[9]

Samora e outros camaradas tombados foram também lembrados através da arte pública. Em 1996, uma equipa de moçambicanos liderada pelo arquiteto José Forjaz construiu um memorial em Mbuzini dedicado a Samora e aos outros trinta e quatro moçambicanos que com ele pereceram. Com um desenho simples, o monumento de trinta e cinco postes de aço enferrujado, erguido no local do despenhamento, marca a brutalidade da ocorrência, o sofrimento dos familiares e amigos, bem como o trauma criado pela perda de conquistas sociais e políticas.[10]

Este processo de recordação vindo de baixo não se limitou aqueles que conheceram Samora pessoalmente ou aos beneficiários das suas políticas socialistas. Também não foi sentido apenas no sul de Moçambique, onde Samora nasceu e foi muito respeitado, mas por todo o país. Muitos camponeses e trabalhadores celebraram o compromisso de Samora com a criação de uma sociedade justa —apesar das posições de apoiantes e simpatizantes da RENAMO e de alguns intelectuais moçambicanos contra a dureza da sua governação e as políticas socialistas fracassadas.[11]

Durante uma visita a Moçambique em 2019, encontrámos homens e mulheres com t-shirts, bonés, lenços e capulanas (peça de pano que as mulheres amarram à volta da cintura) adornados com o retrato de Samora, e muitos com a frase "Samora Vive" estampada. Grafitis e desenhos do falecido presidente são comuns e a sua imagem é preservada em locais históricos. A representação mais famosa encontra-se no mural onde se conta a história moçambicana, localizado próximo do memorial que celebra em Maputo os heróis moçambicanos tombados. No centro deste enorme mural estão os rostos de Samora e Eduardo Mondlane. Milhares passam por ele diariamente a caminho do trabalho ou do aeroporto.

Samora também tem sido recordado em canções e danças, no teatro, pela poesia e em gravações piratas dos seus discursos. Em nenhum lugar a invocação do seu nome é mais marcante, no entanto, do que na música rap moçambicana contemporânea, especialmente em Maputo.[12] O rap parece um género improvável para saudar o legado de Samora, já que na sua governação este tipo de música foi considerado uma forma de decadência burguesa. A sua administração fechou lugares onde se cantava rap, criticou os artistas que se abstiveram de tocar temas revolucionários, atacou quem usava o cabelo comprido e roupas da moda e associou "certas músicas" à prostituição e às drogas. No entanto, depois da morte, Samora tornou-se, para muitos músicos, um herói cultural. No final dos anos de 1990, uma nova geração de artistas desiludida com o Moçambique pós-revolucionário começou a lamentar a morte de Samora e a relembrar a sua ideologia socialista. "Samora Machel", da autoria de Xitiku ni Mbawula, capta este sentimento:

Tenho nas mãos um pedaço de papel para escrever em estilo livre

Invoco o grande nome de Samora Moisés Machel
Morreste e deixaste-nos livres
Morreste e deixaste-nos com as tuas obras
Morreste a lutar para erradicar o sofrimento do teu povo
O teu nome permanece no meu coração
Para onde quer que eu vá, as tuas palavras mantêm-me vivo.
No teu tempo, as crianças eram flores que nunca murcham, mas hoje tudo mudou
As flores agora murcham por falta de água.[13]

O artista rap mais popular de Moçambique, Azagaia, foi ainda mais longe. No seu vídeo "Combatentes da Fortuna", onde intercala a voz e a imagem de Samora com o próprio canto, o líder tombado é ouvido a pedir àqueles acusados de colaborar com os portugueses que confessem os seus erros. Parafraseando a exortação de Samora, em 1982 contra a corrupção, o vídeo aniquila a administração de Guebuza: "É impossível desenvolver bem-estar e felicidade entre ladrões / eles têm de ser expulsos / e ninguém os expulsa, a não ser vocês [o povo]."[14] No final do vídeo, Azagaia passa diante da imagem de Samora, vincando a sua identificação com o líder caído. Em espetáculos ao vivo, veste-se frequentemente com trajes militares semelhantes aos de Samora, recordando ao público as suas filiações ideológicas.

Na entrevista que realizámos como ele, Azagaia reconheceu que Samora podia ser duro e agir como um ditador. Quando lhe perguntámos por que razão se tornou Samora tão popular entre a juventude moçambicana, respondeu que o legado de Samora continua vivo porque "ele é um ponto de referência, um símbolo da nação moçambicana; por isso, podemos ser pobres, mas ainda temos o nosso orgulho."[15] Segundo a musicóloga Janne Rantala, os "discursos de Samora pertencem agora à memória pública e regressam com frequência às ruas através de gravações de voz. Foi-lhe dada uma nova vida política póstuma como voz crítica contra a política atual."[16]

Os discursos e cânticos de Samora estão disponíveis em discos e cassetes piratas baratos. Os discursos são reproduzidos com frequência nos autocarros como forma de entretenimento. Mesmo na Beira, um baluarte da RENAMO, duas décadas após a sua morte, seiscentas pessoas lotaram o Teatro São Jorge para assistir a um filme biográfico, seguido de debate.[17]

Uma história partilhada por um antigo ministro ilustra bem o poder da voz de Samora. Antes da segunda tomada de posse do Presidente Chissano, em 2002, um conjunto de técnicos estava a testar os altifalantes na Praça da Independência. Sem saberem, o disco usado para o teste continha um discurso de Samora. Quando a voz do antigo presidente percorreu grande parte da baixa de Maputo, hordas de moçambicanos acorreram incrédulos à praça.[18]

No campo, canções tradicionais e poesia celebram Samora, elogiam a sua bravura e compromisso com os pobres, e produzem igualmente comentários sobre a sociedade moçambicana contemporânea. Anos após a sua morte, as vendedeiras dos mercados no sul de Moçambique ainda cantam sobre o desespero e a mágoa profundem que sentem.

Cantor principal: Olhem para Botha
Refrão: Ya ya, yayayee
Cantor principal: Olhem para Botha da África do Sul
Refrão: Ya oyoa, yaoyaoyee

Cantor principal: Ele matou o nosso Presidente
Refrão: Ya, yayayee

Cantor principal: Samora Moisés Machel
Refrão: Ya ya, ya, ya, yee
Cantor principal: Wi, wi, wiwee
Refrão: Wi, wi, wiwee

Cantor principal: Botha, Botha, tu destruíste Moçambique, mataste o grande herói
Hoje choramos a morte deste herói
O nosso desenvolvimento sofreu um grande retrocesso
Moçambique está cheio de ninjas *[criminosos]*
Quando Samora era vivo, não havia ninjas *neste país*
Machel, estamos de luto por ti!
Queremos que entres nos nossos corações para que os teus [ensinamentos] continuem a dar frutos no país
O país está agora virado de cabeça para baixo, pois não tem dono [governante]

Refrão: Olhem para Botha
Yo, yo, yoyoyo!
Olhem para Botha da África do Sul
Yo, yo, yoyoyo!
Cantor principal: Quem sabotou o nosso avião?
Refrão: Yo, yo, yoyo!
Cantor principal: Olhem para Botha
Refrão: Yo, yo, yoyoyo!
Cantor principal: Ele matou o nosso herói
Refrão: Yo, yo, yoyoyo![19]

A mais de mil e seiscentos quilómetros destes lugares a sul, em Cabo Delgado, as populações das zonas rurais assinalam com um refrão semelhante a morte de Samora, incluindo-a na longa lista de sacrifícios realizados pelos dirigentes da Frelimo para que o país fosse livre.

Kulila wetu kulila	Nós choramos, choramos
Moshambiki	em Moçambique
Elo tunkulila kwetu	Sim, choramos
Samora pakupela tutenda	Quando Samora morreu,
dashi	como íamos fazer?
Wetu vanang'olo tutenda	Nós, os mais velhos, como
dashi?	devíamos fazer?
Wetu tundishanga	Estamos desesperados
shilambo shetu	no nosso país,
sha-Moshambiki Mwa-	Moçambique
nashiva amalilike Atun-	A orfandade deve acabar
duvenge baba Mondlane	Papá Mondlane morreu
kupela	primeiro
Josina kupela	Depois Josina morreu
Tundishanga tunama	Estamos desesperados,
dashi?	como vamos viver?
Akapele baba Mondlane	Quando papá Mondla
	morreu
Wapela mama Josina	E mamã Josina morreu
Tundishukulu	Nós agradecemos
Tundipata junji Samora	porque tivemos Samora
Machele	Machel
Andidiva pamwe Mon-	Ele substituiu Mondlane
dlane	
Wetu tundishukuru	Nós agradecemos
Continua yashimadengo	Prosseguimos com o tra-
	balho
Nelo tunkumbukila	Hoje lembramo-nos do
mwamboli wetu	nosso libertador
Tunkumbukila Samora	Lembramo-nos de Samora

Angola na Tanzania	*Em Angola e na Tanzânia*
Ku-Zimbabwe	*E também no Zimbabwe*[20]

Estas canções também sublinhavam a adoração pelo falecido presidente. Em 2005, Paolo Israel gravou esta celebração Makonde da vida do "papá Machel".

Kwaendile	*Para onde foi*
Kwaendile baba Machele kwaendile	*Para onde foi papá Machel, para onde foi*
Ata kukalepa dashi	*Mesmo que seja longe, e depois?*
Wetu mwanda	*Nós vamos*
Tummwoda baba Machel kwaendile kula	*Seguimos o papá Machel até lá, para onde ele foi*
Ata pakadingadinga dashi	*Pode ser tortuoso, e depois?*
Tundapaleta pele	*Nós vamos entrar*
Tummwoda baba Machel kwaendile akó	*Seguimos o papá Machel, para onde ele foi*
Mukaigwa kwaendile kushu kwanungu akulepa	*E se ouvirem: ele foi para longe, no lugar de Deus, isso é muito longe*
Tuvene tupaleta vila pele	*Nós vamos entrar só*
Kwannungu akulepa	*No lugar de Deus, que é muito longe.*[21]

Em 2004, os dançarinos de mapiko imploraram ao Presidente Chissano que não se esquecesse deles e que fosse visitar as suas comunidades, como Samora tantas vezes o fizera.

Baba Chissano kukunagwela vyakutumidya	*Papa Chissano, gostas de mandar emissários*
Shaida umwene	*Tu próprio deves vir*
Utulole mwatunamila	*Para veres como vivemos*

Mujo Samora ashindaida	*O teu amigo Samora costuma-*
awenawena	*va vir e*
mudialudeya	*passear pelas aldeias*
Kanji wako:	*Mas tu:*
"Wena Chipande wena"	*Vai, Chipande, vai*
Wena Raimundo wena	*Vai, Raimundo, vai*
'Kavalole mwavanamila"	*Vai ver como vivem"*[22]

Após a morte de Samora, sul-africanos e zimbabueanos também o homenagearam através de canções e poesia. O escritor zimbabweano, Musaemura Zimunya, exprimiu o seu pesar pela morte de Samora e celebrou o seu exemplo permanente.

Vê agora como se chora nas ruas e as lágrimas inundam
o país
ao mesmo tempo eles bebem pela tua cabeça e brindam ao deus
do sangue
enquanto os teus filhos choram pela tua terra e pelo nosso destino
eles vangloriam-se com canções e braai *e agitam-se com a perda.*

Neste fim, que não é fim, tu sussurras camarada, hoje e amanhã,
e amanhã ainda sussurrarás
para além
do silêncio do túmulo e da queda
até a tua voz encher os estádios desta terra e de muitas terras
e os líderes que virão
vão proclamar em muitas vozes de esperança e de ira
que são mais altas
mesmo que a tempestade que troveja sempre alto.
A luta! A luta! A luta continua![23]

Estes sentimentos persistem até hoje. Em Junho de 2018, Allen conversou com taxistas, vendedores ambulantes, engraxadores e vendedeiras nos mercados. Alguns descreveram Samora como uma pessoa dura, ou lamentaram os ataques às igrejas cristãs. No entanto, todos realçaram a sua preocupação com os pobres, como procurou acabar com as práticas abusivas do passado colonial, a força da sua personalidade e o riso contagiante. Talvez um taxista o tenha descrito ainda melhor: "Samora podia ser duro, mas não era corrupto. Ele não teria permitido toda a corrupção que existe hoje. Ele preocupava-se connosco."[24]

As redes sociais proporcionam uma nova plataforma para discutir e redefinir a memória de Samora. Textos sobre a corrupção em Moçambique publicados no Facebook e no Instagram recordam frequentemente a chamada de atenção de Samora, em 1982, para a rápida acumulação de riqueza de Guebuza: "Se um líder constrói uma casa, o povo deve exigir saber onde ele conseguiu o dinheiro." As reflexões de Samora sobre justiça social, a coisa pública, a imoralidade e o racismo são também usadas nas redes sociais para comentar os males que grassam em Moçambique.[25]

A maioria destas representações positivas de Samora vem de Maputo, desde sempre um bastião da Frelimo. Pesquisa adicional é necessária para determinar a dimensão da sua popularidade noutras regiões do país. [26] Na Beira, alguns *rappers* criticaram Samora. O conhecido *rapper* da Beira Y-Not, no seu tema "Tempo que passou", uma crítica à popular canção da Frelimo "Não vamos esquecer o tempo que passou", condenou Samora pelas suas práticas autoritárias que perpetuaram os abusos do passado colonial.[27]

CONCLUSÃO: A VIDA DE SAMORA REVISITADA

Samora a discursar na celebração da Independência

Cortesia do Centro de Documentação e Formação Fotográfica (CDFF).

Samora foi um herói tragicamente imperfeito, que trouxe a independência e a esperança a milhões de moçambicanos. Pela sua experiência pessoal e pelas leituras de Mao Tse Tung, Frantz Fanon, Kwame Nkrumah e Amílcar Cabral, passou a acreditar que colonialismo e capitalismo estavam intrinsecamente interligados. De formas diferentes, estes autores realizaram uma poderosa crítica ao imperialismo e à ordem colonial e facultaram modelos para combater as injustiças de classe e a colonização da mente. Não obstante, o socialismo de Samora esteve sempre enraizado na realidade moçambicana. Para ele, a revolução em Moçambique enfrentou desafios específicos; imitar simplesmente o que havia sido prosseguido por outras nações socialistas era inadequado.

Samora deixou uma marca indelével na jovem nação, como um líder carismático, que inspirava lealdade e espírito de sacrifício. Usou o poder do estado e os palcos onde impunha a sua autoridade para atacar o analfabetismo, a doença, a exploração das mulheres e outras formas de opressão. Introduziu políticas anticorrupção, recordando aos líderes e quadros da Frelimo que seriam responsabilizados se utilizassem os cargos para acumular riqueza ou influência. Defendeu igualmente a ideologia não racista da Frelimo e encorajou os residentes de origem portuguesa e asiática a tornarem-se cidadãos do novo Moçambique.

Mas Samora recorreu também a táticas duras e ao seu poder pessoal para levar a cabo as políticas do partido. Quando o projeto socialista da Frelimo perdeu credibilidade e as forças armadas se revelaram incapazes de conter a RENAMO, a sua administração tornou-se cada vez mais autoritária, como foi demonstrado pelo uso da força na expansão do sistema das aldeias comunais e na limpeza urbana dos "socialmente marginalizados". A reintrodução do castigo corporal, incluindo a aplicação de chicotadas, continua a ser uma mancha relevante no seu currículo. A história não esquecerá, e não deve esquecer, os assassinatos de Simango, Nkavandame e Simião. A recusa de Samora em afastar definitivamente Guebuza e outros dirigentes de cargos de liderança após terem cometido graves abusos de poder também maculou a sua presidência e criou problemas que persistem até hoje.

A desvalorização das crenças religiosas africanas por parte de Samora, consideradas obscurantistas, denuncia como percebeu mal o significado que tinham para muitas comunidades moçambicanas. O postulado de que a persuasão e o racionalismo científico iriam com facilidade fragilizar crenças indígenas e cristãs foi ingénuo, assim como a convicção de que a Frelimo poderia construir uma nova ordem moral.

Na busca por justiça económica e social, Samora foi muitas vezes míope, convencido de que Moçambique podia saltar sobre a história. Apesar da escassez de especialistas em finanças, de agrónomos e de pessoal técnico, acreditava que uma economia centralmente dirigida poderia transformar o sistema económico de Moçambique, já de si subdesenvolvido e desequilibrado. Por mais louváveis que tivessem sido as tentativas para reestruturar os sectores da saúde e da educação, a falta de recursos impediu uma aplicação bem-sucedida.

Mas Samora foi também um realista. Quando o planeamento socialista não conseguiu satisfazer as necessidades do povo moçambicano, em vez de admitir a derrota, Samora procurou alternativas. A evolução de Moçambique rumo a uma economia mista, que Samora soube supervisionar, resultou destes reveses — tal como o reajustamento das suas relações com o mundo em geral.

A política externa de Samora visou proteger tanto a soberania moçambicana como o estatuto do país como não-alinhado. Isso nem sempre foi possível. Dado que a maioria dos governos ocidentais apoiou Portugal durante a luta armada, a FRELIMO não teve alternativa senão procurar assistência militar à União Soviética e aos seus aliados. Quando Samora percebeu como a sua jovem nação se tinha tornado excessivamente dependente de Moscovo, resistiu às pretensões soviéticas de instalar uma base naval em Moçambique, recusou envolver-se na discussão sino-soviética, aprofundou o envolvimento de Moçambique no Movimento dos Não-Alinhados, reforçou os laços com os países nórdicos e usou as negociações de Lancaster House, que resultaram na independência do Zimbabwe, para melhorar as relações com o Ocidente. Mesmo assim, não conseguiu convencer os aliados da NATO a cancelar o apoio ao regime do *apartheid*, que ameaçava seriamente a soberania moçambicana.

Talvez o maior erro de Samora em matéria de política externa tenha sido a retórica belicosa dirigida contra a África do Sul, que ofereceu a este país um pretexto para intensificar a sua campanha de desestabilização. A ambição de desmantelar o *apartheid*, corajosa e virtuosa, era igualmente muito irrealista, atendendo ao desequilíbrio militar entre as forças. Samora também calculou mal a persistência do compromisso de Pretória com a RENAMO, bem como a capacidade destrutiva deste movimento. Tanto ele como Moçambique pagaram um preço muito elevado.

Dois anos antes de morrer, Samora reafirmou que nunca esqueceria aqueles por quem lutava: "Continuo a ser um 'guerrilheiro', um combatente pelos interesses do meu país e do meu povo."[1] Hoje, intelectuais, ativistas e políticos moçambicanos de todos os quadrantes continuam a debater sobre como deve ele ser recordado. Samora está ainda extraordinariamente presente nas conversas, nos mexericos e nos debates de muitos cidadãos comuns, e na cultura popular moçambicana. Embora as memórias guardadas pelos moçambicanos do seu falecido líder não sejam fixas nem uniformes, mais de trinta anos após a sua morte, muitos ainda partilham a visão de uma sociedade justa que sempre defendeu.

Resta saber se a sociedade baseada na igualdade social e económica preconizada por Samora alguma vez será concretizada.

NOTAS

Prólogo: O Desafio da Representação

1. Quando os aldeões começavam a discutir estes abusos ou quaisquer outros assuntos políticos sensíveis, desligávamos sempre o gravador. Receávamos que se as cassetes ou as suas transcrições fossem confiscadas, os idosos sofressem duras represálias.

2. Para um estudo pioneiro sobre a vida nos subúrbios, vide David Morton, *Age of Concrete: Housing and the Shape of Aspiration in the Capital of Mozambique* (Athens: Ohio University Press, 2019).

3. Um *assimilado* (pessoa assimilada) era alguém que, em virtude de ter adoptado as normas culturais portuguesas, gozava de plenos direitos de cidadania ao abrigo da lei. O termo padrinho refere-se a um patrono pessoal.

4. Entrevista com Graça Machel, Maputo, n.d., Centro de Documentação Samora Machel (CDSM), pasta 58.

5. Durante este período, Allen, Roberta Washington, William Minter e Prexy Nesbitt organizaram a Rede de Apoio a Moçambique com o objetivo de coordenar estes esforços.

6. Isto é muito semelhante ao que académicos feministas definem como "conhecimento intersubjectivo". Temos uma dívida de gratidão para com Heidi Gengenbach por esta observação (comunicação pessoal, 8 de Agosto de 2019).

7. Edward Said, *Representations of the Intellectual* (New York: Pantheon, 1994), 32.

8. Os arquivos da FRELIMO estão guardados no Arquivo Histórico de Moçambique.

9. Marc Augé, *Oblivion*, trans. Marjolijn de Jager (Minneapolis: University of Minnesota Press, 2004), 18, citado em Olga Shevchenko e Oksana Sarkisova, "Remembering Life in the Soviet Union, One Family Photo at a Time," *New York Times*, 27 de Dezembro de 2017, https://www.nytimes.com/2017/12/27/opinion-soviet-union-one-photos.html.

10. Vide Mary Jo Maynes, "U.S. Labor History in Recent Biography," *Radical History* Review 72 (1998): 183.

Capítulo 1: Viver o Colonialismo

1. Raul Honwana, *The Life History of Raul Honwana* (Boulder, CO: Lynne Reiner, 1988), 105.

2. Thomas Henriksen, *Revolution and Counterrevolution: Mozambique's War of Independence* (Westport, CT: Greenwood, 1983), 219.

3. Eric Allina, *Slavery by Any Other Name: African Life under Company Rule in Colonial Mozambique* (Charlottesville: University of Virginia Press, 2012), 25.

4. Allina, Slavery, 151.

5. Allen Isaacman, *The Tradition of Resistance in Mozambique: The Zambesi Valley, 1850–1921*, em colaboração com Barbara Isaacman (Berkeley: University of California Press, 1976), 157–58.

6. Dado que a comunidade bancária internacional estabelecera um preço fixo relativamente baixo para as barras de ouro, em flagrante contraste com o seu preço cada vez mais elevado no mercado livre, Lisboa conseguiu vender ouro no mercado aberto da África do Sul por várias vezes o seu valor de barras de ouro durante três décadas — ganhando uma vantagem adicional com este acordo. Os fundos gerados foram uma importante fonte de rendimento para Portugal.

7. Para o efeito, Portugal desenvolveu o porto de Lourenço Marques como porta de entrada para o Transvaal e outros mercados sul-africanos. O porto da Beira desempenhou uma função semelhante para a Rodésia do Sul, país sem acesso ao mar.

8. C. M. Braun, 1 de Maio de 1946, Centro de Documentação Samora Machel (CDSM), pasta 64.

9. Vide A. H. Oliveira Marques, *History of Portugal*, vol. 2 (Nova Iorque: Columbia University Press, 1972); António Figueiredo, Portugal: Fifty Years of Dictatorship (Harmondsworth, UK: Penguin, 1975); Hugh Kay, Salazar and Modern Portugal (London: Eyre and Spottiswoode, 1970).

10. Vide Leroy Vail e Landeg White, *Capitalism and Colonialism in Mozambique: A Study of Quelimane District* (Minneapolis: University of Minnesota Press, 1981), 247. O estado português tinha implementado políticas neo-mercantis mesmo antes de Salazar. Em 1929,

Lisboa cancelou a carta da Companhia do Niassa e no ano seguinte aboliu o sistema de prazos, ao abrigo do qual as grandes propriedades eram arrendadas a colonos. Nenhuma destas concessionárias contribuiu muito para a economia nacional. Cinco anos mais tarde, as autoridades estatais nacionalizaram as explorações da Companhia de Moçambique e pouco depois introduziram a Circular de 1942, que previa uma utilização mais sistemática da "mão-de-obra africana para o bem público". Vide Malyn Newitt, *A History of Mozambique* (Bloomington: Indiana University Press, 1995), 445–62; Vail e White, *Capitalism*, 296.

11. *O brado africano* (Lourenço Marques), 27 de Fevereiro de 1931.

12. Olívia Machel, entrevista, Maputo, 7 de Março de 2019; Julius Nyerere para Samora Machel, 25 de Fevereiro de 1984, CDSM, pasta 24.

13. Iain Christie, *Samora Machel: A Biography* (Londres: Zed Books, 1987), 5.

14. Samora Machel, entrevista, Pemba, 15 de Outubro de 1984.

15. Gerhard Liesegang, "Samora Moisés Machel: The Formative Years (1933–1963)," in *Samora: Man of the People*, ed. António Sopa (Maputo: Maguezo Editores, 2001), 19–29.

16. Mandande Moisés Machel, entrevista, Chilembene, 20 de Fevereiro de 1979.

17. Christie, *Samora Machel*, 3.

18. Samora Machel para Oliver Tambo, 5 de Junho de 1984, CDSM, pasta 8.

19. José Luís Cabaço, entrevista, Maputo, 11 de Junho de 2018.

20. Aurélio Chambale, entrevista, n.d., CDSM, pasta 58.

21. Aurélio Manave, entrevista.

22. Samito Machel, entrevista, Maputo, 23 de Março de 2019.

23. Aurélio Manave, entrevista.

24. Resumido em Christie, *Samora Machel*, 3.

25. Aurélio Manave, entrevista.

26. Liesegang, "Samora Moisés Machel," 23.

27. Ibid.

28. De Samora Machel para Oliver Tambo, 5 de Junho de 1984, CDSM, pasta 8.

29. Ver Allen Isaacman, *Cotton Is the Mother of Poverty* (Portsmouth, NH: Heineman, 1996).

30. Herb Shore, "Mondlane, Machel and Mozambique: From Rebellion to Revolution," *Africa Today* 21, no. 1 (Winter 1974): 7.

31. Otto Roesch, "Migrant Labour and Forced Rice Production in Southern Mozambique: The Colonial Peasantry of the Lower Limpopo Valley," *Journal of Southern African Studies* 17, no. 2 (Junho de 1991): 239–70.

32. Christie, *Samora Machel*, 7.

33. Aurélio Manave, entrevista.

34. Pode ser encontrado um exemplar do seu cartão de registo provisório no CDSM, pasta 31.

Capítulo 2: A Educação Política Inicial de Samora Machel

1. Para conhecer a história da sua vida, vide Eduardo Mondlane, *The Struggle for Mozambique* (London: Zed Press, 1983); Janet Rae Mondlane, ed., *O eco da tua voz: Cartas editadas de Eduardo Mondlane*, vol. 1 (Maputo: Imprensa Universitária UEM, 2007).

2. Para se inteirar de estudos importantes sobre a divisão do trabalho na perspetiva do género nos centros urbanos de Moçambique colonial, vide Kathleen Sheldon, *Pounders of Grain: A History of Women, Work, and Politics in Mozambique* (Portsmouth, NH: Heinemann, 2002); e Jeanne Marie Penvenne, *Women, Migration and the Cashew Economy in Southern Mozambique, 1945–1975* (Oxford: James Currey, 2015).

3. António Mondlane, entrevista, n.d., Centro de Documentação Samora Machel (CDSM), pasta 58.

4. Aurélio Manave, entrevista.

5. Ibid.

6. Ibid.; António Mondlane, entrevista, CDSM.

7. Aurélio Manave, entrevista.

8. João Ferreira, entrevista, n.d., CDSM, pasta 58.

9. Aurélio Manave, entrevista.

10. Christie, *Samora Machel*, 11.

11. Aurélio Manave, entrevista.

12. Ibid.

13. Extraído de entrevistas com António Mondlane, Aurélio Manave e João Ferreira; vide também Matias Mboa, *Memórias da luta clandestina* (Maputo: Marimbique, 2009).

14. Liesegang, "Samora Moisés Machel," 13.

15. Graça Machel, entrevista, n.d., CDSM, pasta 58.

16. Vide Ana Piedade Monteiro et al., *Samora Machel na ilha de Inhaca (1955 — 1959)* (Maputo: Imprensa Universitária UEM, 2012), que contém um relato circunstanciado das suas experiências na Inhaca,

17. David Chainkomo, entrevista, n.d., CDSM, pasta 58.

18. Ibid.; Olívia Machel, entrevista, Maputo, 7 de Março de 2019.

19. Barry Munslow, ed., S*amora Machel, an African Revolutionary: Selected Speeches and Writings* (Londres: Zed Books, 1995), xii.

20. Magarida Buque, entrevista, n.d., CDSM, pasta 58.

21. Graça Machel, entrevista, Maputo, 23 de Março de 2019.

22. Este material foi extraído de Liesegang, "Samora Moisés Machel," 24–25.

23. António Alves Gomes, entrevista, Maputo, 11 de Junho de 2018.

24. Margarida Buque, entrevista, CDSM.

25. Chissano nasceu no Chibuto, na província de Gaza, e frequentou os estudos secundários no Liceu Salazar, onde se tornou ativo no NESAM. Estudou medicina durante um breve período em Lisboa, onde conheceu outros nacionalistas anti-coloniais de Angola e da Guiné-Bissau. Sob a vigilância da polícia secreta, fugiu para a França e depois juntou-se à FRELIMO. Joaquim Alberto Chissano, *Vidas, lugares e tempos* (Maputo: Texto Editores, 2010).

26. Guebuza nasceu em Nampula. O pai era enfermeiro. Aos oito anos, a sua família mudou-se para Lourenço Marques. Tornou-se presidente do NESAM em 1963 e, numa segunda tentativa, conseguiu

fugir para Dar es Salaam via Suazilândia, África do Sul, Bechuanaland e Zâmbia. Quando chegou a Dar es Salaam, juntou-se à FRELIMO. Colin Darch, *Historical Dictionary of Mozambique* (Lanham, MD: Rowman e Littlefield, 2019), 180–81.

27. Magaia nasceu em Mocuba, na província da Zambézia. O seu pai era um enfermeiro que viajou por todo o país. Enquanto frequentava o ensino secundário em Lourenço Marques, filiou-se ao NESAM e tornou-se um dos principais militantes dentro da organização. Darch, *Historical Dictionary*, 238–39.

28. Matsinhe nasceu em Casula, na província de Tete, onde o seu pai lecionava numa escola missionária. Em 1950, mudou-se para Lourenço Marques, frequentou o liceu e envolveu-se ativamente no NESAM. Darch, *Historical Dictionary*, 400.

29. Nascido em Lourenço Marques, Honwana foi uma das principais vozes do nacionalismo cultural, bem como um destacado escritor moçambicano. Em 1964, publicou *Nós matámos o cão-tinhoso*, posteriormente traduzido como *We Killed Mangy-Dog*. Em 1967, foi detido por atividades subversivas de "m apoio à FRELIMO e contra a soberania portuguesa em Moçambique", tendo sido encarcerado durante vários anos. Após a sua libertação, foi para Lisboa e posteriormente fugiu para a Tanzânia, onde iniciou o seu treino militar em Nachingwea. Raul Honwana, *The Life History of Raul Honwana* (Boulder, CO: Lynne Reiner, 1988), 165.

30. João Ferreira, entrevista, CDSM.

31. Luís Bernardo Honwana, entrevista, Maputo, 11 de Março de 1979; Esperança Abiatar Muthemba, entrevista, 15 de Abril de 1979; Albino Magaia, entrevista, 7 de Junho de 1979. As duas últimas entrevistas foram orientadas por Isabel Maria Casimiro no âmbito de um seminário de alto nível sobre resistência popular, em que Allen Isaacman foi o palestrante na Universidade Eduardo Mondlane.

32. Chissano, *Vidas, lugares e tempos*, 178.

33. Christie, *Samora Machel*, 13.

34. De origem portuguesa, Ferreira foi militar no exército colonial e depois tornou-se representante de uma empresa farmacêutica. Tor-

nou-se amigo de Samora quando este trabalhava como enfermeiro no Hospital Miguel Bombarda e alertou Samora para a sua prisão iminente pela PIDE. (João Ferreira, entrevista, CDSM).

35. Veloso nasceu de uma família portuguesa em Lourenço Marques. Foi para Portugal em 1955 para se formar como piloto da força aérea e depois regressou a Moçambique. Enquanto estava na força aérea portuguesa, desviou um avião para a Tanzânia, onde se juntou à FRELIMO. Vide Jacinto Veloso, *Memórias em Voo Rasante* (Cidade do Cabo: Zebra Press, 2012).

36. Nascido em Lourenço Marques de uma família de imigrantes de Goa, Nogar foi poeta e um dos primeiros defensores do nacionalismo cultural moçambicano. (Darch, *Historical Dictionary*, 294).

37. Nascido em Lourenço Marques, Cabaço frequentou a Faculdade de Direito em Lisboa e estudou sociologia em Itália, onde em 1966 estabeleceu contacto com a FRELIMO, José Luís Cabaço, *Moçambique: Identidade, colonialismo e libertação* (São Paulo: Editora Unesp, 2009).

38. Nascido na capital moçambicana, Baltazar era um advogado muito respeitado que defendeu vários prisioneiros políticos conceituados. (Darch, Historical Dictionary, 257).

39. Honorata Simão Tchussa, João Velemo Nunguanbe e Jacob Jeremias Nyambir, entrevistas, Maputo, 27 de Março de 2019.

40. Cornélio João Mandande, entrevista, Mueda, 30 de Julho de 1979; Zacarias Vanomoba, entrevista, Mueda, 2 de Agosto de 1979; João Bonifácio, entrevista, Mueda, 2 de Agosto de 1979.

41. Eduardo Mondlane, *The Struggle for Mozambique* (Londres: Zed Press, 1983), 118. Outras estimativas do número de mortes situavam-se entre dezassete e quinhentos (Yussuf Adam e H. A. Dyutie, eds., "Entrevista: O massacre de Mueda: Falam testemunhas," *Arquivo: Boletim do Arquivo Histórico de Moçambique* 14 [Outubro de 1993]: 117–28). Para obter uma reinterpretação importante dos acontecimentos em torno do massacre de Mueda, vide Paolo Israel, "The Matter of Return: The Mueda Massacre in Colonial Intelligence" (publicação para breve).

42. Honorata Simão Tchussa, entrevista, Maputo, 27 de Março de 2019.

43. Cornélio João Mandande, entrevista, Mueda, 30 de Julho de 1979.

44. Muitos dos militantes mais velhos tinham vivido no estrangeiro durante mais de uma década. Matthew Michinis e Mamole Lawrence Malinga lideraram inicialmente o grupo militante, que também contou com o apoio do poderoso chefe makonde Lazaro Nkavandame.

45. Paolo Israel, comunicação pessoal, 12 de Agosto de 2019.

46. Lopes Tembe Ndelana, *From UDENAMO to FRELIMO and Mozambican Diplomacy* (Terra Alta, WV: Headline Books, 2016), *passim*; João Velemo Munguanbe, entrevista, 27 de Março de 2019.

47. Ndelana, *From UDENAMO*, 40.

48. Simango era filho de um pastor protestante que fora um crítico intransigente dos abusos perpetrados pelo colonialismo. Seguindo os passos do seu pai, foi preso em 1953 e três anos mais tarde foi ordenado na Igreja de Cristo. Simango rejeitou uma bolsa para estudar em Lisboa porque pensava que tal o faria desviar-se da sua agenda política. Em vez disso, fugiu para Salisbúria, na Rodésia do Sul, juntou-se à UDENAMO e contatou Joshua Nkomo, líder da União dos Povos Africanos do Zimbabwe, e Kwame Nkrumah, presidente do Gana. Barnabé Lucas Ncomo, *Uria Simango: Um homem, uma causa* (Maputo: Edições Nováfrica, 2003).

49. Marcelino dos Santos nasceu em 1929, no Lumbo, perto da Ilha de Moçambique, numa família africana de origem goesa. O pai era um ativista da Associação Africana. Passou grande parte da sua juventude em Lourenço Marques e em 1947 foi para Portugal estudar no Instituto Superior Técnico, onde conheceu africanos e asiáticos das colónias portuguesas, membros da Casa dos Estudantes do Império. Em 1951, fugiu para a França. Em Paris, desempenhou um papel fundamental na Federação dos Estudantes Africanos, então estreitamente alinhada com o Partido Comunista Francês. Em 1955, ajudou a organizar o Movimento Anti-Colonialista (MAC) e em 1961 foi eleito secretário-geral

da Conferência das Organizações Nacionalistas das Colónias Portuguesas (CONCP), que substituiu o MAC. Com sede na Argélia, a CONCP era uma organização coordenadora do apoio diplomático e militar aos principais movimentos de libertação em busca da independência de Lisboa. Marcelino dos Santos, entrevista, Maputo, Março de 2003.

50. Vide Hélder Martins, *Porquê Sakrani? Memórias dum médico duma guerrilha esquecida* (Maputo: Editorial Terceiro Milénio, 2001).

51. Alberto Joaquim Chipande, entrevista, n.d., CDSM, pasta 58.

52. FRELIMO, Departamento de Informação, "Editorial: 25th of June, the Starting Point," *Mozambique Revolution*, no. 51 (Junho de 1972): 1.

53. Liesegang, "Samora Moisés Machel," 25.

54. Mboa, *Memórias*, 85.

55. João Ferreira, entrevista, CDSM.

56. Margarida Buque, entrevista, CDSM.

57. O mesmo se aplicava não só aos homens jovens, mas também ao pequeno número de mulheres jovens que fugiram. Entre elas estava Josina Muthemba, com quem Samora se casou em 1969.

58. Olívia Machel, entrevista, Maputo, 7 de Março de 2019.

59. Graça Machel, entrevista, Maputo, 13 de Março de 2019.

60. Mboa, *Memórias*, 86–87.

61. Christie, *Samora Machel*, 23.

Capítulo 3: A Luta dentro da Luta, 1962–70

1. FRELIMO, Departamento de Informação, "Editorial: 25th of June, the Starting Point," *Mozambique Revolution*, no. 51 (Junho de 1972): 1.

2. Raimundo Pachinuapa, entrevista, n.d., Centro de Documentação Samora Machel (CDSM), pasta 58.

3. Matias Mboa, *Memórias da luta clandestina* (Maputo: Marimbique, 2009), 87–88.

4. Alberto Joaquim Chipande, entrevista, n.d., CDSM, pasta 58.

5. Jacob Jeremias Nyambir, entrevista, Maputo, 27 de Março de 2019.

6. José Manuel Duarte de Jesus, *Eduardo Mondlane: Hope Destroyed* (auto-pub., CreateSpace, 2016), 291.

7. Raimundo Pachinuapa, entrevista, CDSM.

8. Jacob Jeremias Nyambir, entrevista, 27 de Março de 2019.

9. Ibid.

10. Ibid.

11. Ibid.

12. Raimundo Pachinuapa, entrevista, CDSM; Jacob Jeremias Nyambir, entrevista, 27 de Março de 2019.

13. Alberto Chipande, entrevista, CDSM.

14. Jacob Jeremias Nyambir, entrevista, 27 de Março de 2019.

15. Representando uma maioria dos dirigentes da FRELIMO, este grupo incluía Marcelino dos Santos, Joaquim Chissano, Armando Guebuza e os comandantes militares de alta patente Filipe Samuel Magaia, Alberto Chipande, Raimundo Pachinuapa, Jorge Rebelo e Samora.

16. Óscar Monteiro, entrevista, Matola, 26 de Março de 2019; Duarte de Jesus, *Eduardo Mondlane*, 24–26, 636–37.

17. Para um debate aprofundado sobre a oposição na FRELIMO, e a partir de relatórios de agentes dos serviços secretos portugueses, da União Soviética, chineses e da Alemanha Democrática baseados na Tanzânia, vide Duarte de Jesus, *Eduardo Mondlane*, 263–344.

18. Nascido em 1904, Nkavandame fundou a cooperativa Liguilanilu. Contatou a MANU logo após a sua formação e mais tarde fugiu para a Tanzânia com muitos dos seus seguidores. Em Junho de 1963, foi nomeado para o Comité Central da FRELIMO com para promover o comércio nas zonas libertadas e entre as zonas libertadas e a Tanzânia. Colin Darch, *Historical Dictionary of Mozambique* (Lanham, MD: Rowman e Littlefield, 2019), 292.

19. Edward Alpers, "Islam in the Service of Colonialism? Portuguese Strategy during the Armed Liberation Struggle in Mozambique," *Lusotopie*, no. 6 (1999): 165–84.

20. Duarte de Jesus, *Eduardo Mondlane*, 270–77.

21. Alberto Chipande, entrevista, CDSM.

22. Hélder Martins regressou à Tanzânia para trabalhar como médico da FRELIMO. Vide Martins, *Porquê Sakrani? Memórias dum médico duma guerrilha esquecida* (Maputo: Editorial Terceiro Milénio, 2001), 265–99.

23. O ódio racial de Fernandes pode ter sido o motivo da sua posterior expulsão da FRELIMO. Vide Thomas Henriksen, *Revolution and Counterrevolution: Mozambique's War of Independence* (Westport, CT: Greenwood, 1983), 24–25. Embora o episódio ocorrido em Chai seja considerado o início da luta armada na tradição da FRELIMO, Paolo Israel, um investigador que trabalha no norte de Moçambique, recolheu evidências reveladoras de que os guerrilheiros da MANU tinham atacado um posto português no interior de Moçambique em 1960 (comunicação pessoal, 13 de Agosto de 2019).

24. Barbara Cornwell, *The Bush Rebels* (Londres: André Deutsch, 1973), 53–54.

25. Jacob Jeremias Nyambir, entrevista, 27 de Março de 2019.

26. Para conhecer a história do Instituto Moçambicano e das divisões raciais, culturais e linguísticas que o compõem, vide Felipe B. C. C. Bastos, "Políticas de língua e movimentos nacionalistas: Campos de interacção histórica entre a Tanzânia e Moçambique (1961–1969)" (Tese de Mestrado, Universidade Estadual de Campinas, 2018), 191–241.

27. William Minter, "Report on meeting with Forms l and Forms ll, an analysis of reasons for discontent among the students" (documento não publicado na posse dos autores, 19 de Janeiro de 1968).

28. Douglas L. Wheeler, "A Document for the History of African Nationalism: The UNEMO 'White Paper' of 1968, a Student Reply to Eduardo Mondlane's 1967 Paper," *African Historical Studies* 3, no. 1 (1970): 169–80.

29. Hama Thay, entrevista, Maputo, 20 de Junho de 2018.

30. Caderno de Campo de Samora Machel, 1965–67, CDSM, pasta 66.

31. O biógrafo de Simango, Barnabé Lucas Ncomo, descreve o desprezo que os oponentes de Samora lhe demonstraram. Ncomo, *Uria Simango*, 141–42.

32. Samora Machel, entrevista, Maputo, 7 de Maio de 1979.

33. Christie, *Samora Machel*, 123.

34. José Luís Cabaço, entrevista, Maputo, 13 de Junho de 2018.

35. Segundo Jacob Jeremias Nyambir, que caminhava em frente a Magaia no leito seco de um rio quando os tiros soaram, este pensou ter sido ferido por uma granada. Os esforços para o reanimar foram infrutíferos. Quando as armas do pelotão foram examinadas, foi preso um guerrilheiro cujo cano da espingarda ainda estava quente e cheirava a pólvora (Jacob Jeremias Nyambir, entrevista, 27 de Março de 2019). Lourenço Matola passou cinco anos na prisão antes de escapar e fugir para o Quénia. As conclusões de um inquérito da FRELIMO sobre o assassinato nunca foram tornadas públicas, levando a uma série de rumores sobre quem teria sido o responsável pela sua morte (comunicação pessoal, Paolo Israel, 12 de Agosto de 2019).

36. Óscar Monteiro, entrevista, Matola, 5 de Março de 2018.

37. Christie, *Samora Machel*, 57.

38. Para uma análise dos acontecimentos em torno do assassinato de Mondlane, vide George Roberts, "The Assassination of Eduardo Mondlane: FRELIMO, Tanzania, and the Politics of Exile in Dar es Salaam," *Cold War Histories* 17 (2017): 1–19.

39. Ncomo, *Uria Simango*, 400.

40. Na opinião de Ncomo, a queda de Simango pode ser atribuída à ganância pelo poder da ala sul-regionalista, aliada aos marxistas goeses, mestiços e brancos. Ibid.

41. Ibid., 193–97.

Capítulo 4: Samora e a Luta Armada, 1964–75

1. Raimundo Pachinuapa, entrevista, n.d., Centro de Documentação Samora Machel (CDSM), pasta 58.

2. Ibid.; Alberto Joaquim Chipande, entrevista, n.d., CDSM, pasta 58.

3. Colin Darch, *Historical Dictionary of Mozambique* (Lanham, MD: Rowman e Littlefield, 2019), 283.

4. Hélder Martins, "Samora na Luta Armada (1965–68)," in António Sopa, *Samora: Homen do Povo*, 111.

5. Óscar Monteiro, entrevista, 5 de Março de 2018.

6. Caderno de Campo de Samora Machel, 1965–67, CDSM, pasta 66.

7. Para um aprofundamento destas questões, vide CDSM, pasta 1.

8. Vide Samora Machel, "Nota de estudos para os instrutores: Compreender a nossa tarefa," 6 de Dezembro de 1970, CDSM, pasta 2: Documentos da FRELIMO; e Aquino de Bragança e Immanuel Wallerstein, *Quem é o inimigo*? (Lisboa: Iniciativas Editoriais, 1978), 201–25.

9. Entrevista com aluno anónimo insubordinado, n.d., recolhida por Paolo Israel.

10. De Samora Machel para Josina Machel, 22 de Outubro de 1970, CDSM, pasta 4.

11. Christie, *Samora Machel*, 38–41; Sayaka Funada-Classen, *The Origins of War in Mozambique: A History of Unity and Division* (Oxford: African Minds, 2013), 298–301.

12. Vide Allen Isaacman, *The Tradition of Resistance in Mozambique: The Zambesi Valley, 1850–1917*, em colaboração com Barbara Isaacman (Berkeley: University of California Press, 1976), 199.

13. Caderno de Campo de Samora Machel.

14. Martins, *Porquê Sakani?*, 265–98.

15. FRELIMO, Departamento de Informação, "Shaping the Political Line," *Mozambique Revolution*, no. 51 (Junho de 1972): 18.

16. Barbara Cornwell, *The Bush Rebels* (Londres: André Deutsch, 1973), 93.

17. Ibid., 65.

18. Funada-Classen, *Origins of War in Mozambique*, 319.

19. Thomas Henriksen, R*evolution and Counterrevolution: Mozambique's War of Independence* (Westport, CT: Greenwood, 1983), 118.

20. Vide Biografia oficial de Josina Machel, n.d., CDSM, pasta 31; e Renato Matusse e Josina Malique, *Josina Machel* (Maputo: ARPAC, 2007).

21. De Samora Machel para Josina Machel, 22 de Outubro de 1970, CDSM, pasta 4.

22. "Resoluções sobre ritos de iniciação," Segunda Conferência de Departamento da Defesa, 20 de Fevereiro de 1971, CDSM, pasta 2.

23. Samora Machel, *Mozambique: Sowing the Seeds of Revolution* (Londres: Committee for Freedom in Mozambique, Angola and Guiné, 1975), 24; ênfase no original. Para conhecer a história da Organização da Mulher Moçambicana, vide Helena Hansen, Ragnar Hansen, Ole Gjerstad e Chantal Sarazin, "The Organization of Mozambican Women," *Journal of Eastern African Research and Development* 15 (1985): 230–44.

24. Foram inadvertidamente mortos civis por minas terrestres, um dos instrumentos tácticos mais eficazes da guerrilha (Alberto Chipande, entrevista, CDSM).

25. Manuel Braz da Costa, entrevista, Lichinga, 15 de Agosto de 1980.

26. Ibid.; Henriksen, *Revolution and Counterrevolution*, 123. Henriksen assinala que quando as forças da FRELIMO entraram nas zonas dos colonos em Manica e Sofala, mataram um colono branco e a sua mulher e houve também alguns ataques a explorações agrícolas dos europeus. Embora os dirigentes da FRELIMO os tenham refutado publicamente, reconheceram os ataques em privado, alegando que se tratou de erros. (127).

27. Allen Isaacman e Barbara Isaacman, *Dams, Displacement and the Delusion of Development* (Athens: Ohio University Press, 2013), 89.

28. Funada-Classen, *Origins of War in Mozambique*, 319.

29. Mondlane, *The Struggle for Mozambique*, 178.

30. Maria Teresa Veloso, entrevista, Maputo, 24 de Agosto de 1977.

31. Samora Machel, entrevista, 7 de Maio de 1979.

32. Entrevista com Hélder Martins, World Medicine 12 (26 de Janeiro de 1977): 22.

33. FRELIMO, Departamento de Informação, "Shaping the Political Line," *Mozambique Revolution*, no. 51 (Junho de 1972): 25.

34. Sobre os efeitos devastadores do regime do cultivo forçado do algodão, vide Allen Isaacman, *Cotton Is the Mother of Poverty* (Portsmouth, NH: Heinemann, 1996).

35. Samora Machel, *Mozambique: Sowing the Seeds*, 72–73.

36. Funada-Classen, *Origins of War in Mozambique*, 326–27.

37. As únicas exceções foram os poucos aldeamentos transformados em aldeias-modelo para efeitos de propaganda.

38. João Paulo Borges Coelho, "Protected Villages and Communal Villages in the Mozambican Province of Tete (1968–1982): A History of State Resettlement Policies, Development and War" (Tese de Doutoramento, University of Bradford, 1993), 160–69.

39. Ibid., 205. Vide também Arquivo Histórico de Moçambique, FMA, Cx. 107, Secretário Provincial de Terras e Povoamento, "Criação de um grupo de trabalho coordenador dos aldeamentos," 22 de Dezembro de 1971.

40. Peter Size e Fedi Alfante, entrevista conjunta, Chinyanda Nova, 25 de Maio de 1998.

41. *Australian*, no. 2359, 3 de Fevereiro de 1972, in Arquivo Nacional da Torre do Tombo (ANTT), PIDE/DGSSC, Proc. 8743, CI (2), pasta 2.

42. W. Nusey, "The War in Tete: A Threat to All in Southern Africa," *Johannesburg Star*, 1 de Julho de 1972.

43. Mustafa Dhada, *The Portuguese Massacre of Wiriyamu in Colonial Mozambique, 1964–2013* (Nova Iorque: Bloomsbury Academic, 2016).

44. Os portugueses também pagaram um preço, com mais de 130 soldados mortos e o dobro deste número de feridos graves.

45. Alberto Chipande, entrevista, CDSM.

46. De Samora Machel para Josina Machel, 20 de Outubro de 1970, CDSM, pasta 4.

47. Barry Munslow, ed., *Samora Machel, an African Revolutionary: Selected Speeches and Writings* (Londres: Zed Books, 1995), xvii.

48. Samito Machel, entrevista, Maputo, 26 de Março de 2019.

49. Samito Machel, entrevista, Maputo, 25 de Março de 2019.

50. Óscar Monteiro, entrevista, Matola, 26 de Março de 2019.

51. Ibid.

52. Christie, *Samora Machel*, 82.

53. Ibid., 83.

54. Ibid., 84.

55. A FRELIMO foi representada por Óscar Monteiro, o único advogado envolvido na luta armada. A delegação portuguesa integrava Melo Atunes, do Movimento das Forças Armadas, e Almeida dos Santos, membro da oposição anti-Salazar, na altura Ministro da Coordenação Ultramarina.

56. Óscar Monteiro, entrevista, 26 de Março de 2019.

57. Isaacman e Isaacman, *Dams, Displacement*, 150–87.

58. Uma década mais tarde, expôs as suas preocupações de forma mais completa em Aquino de Bragança, "Independência sem Descolonização: A transferência do poder em Moçambique, notas sobre os seus antecedentes" (artigo apresentado na conferência "African Independence: Origins and Consequences of the Transfer of Power, 1956–1980," University of Zimbabwe, Harare, Janeiro de 1985).

59. Henriksen, *Revolution and Counterrevolution.*

60. Munslow, *Samora Machel*, 5.

61. Samora Machel, "Establishing People's Power to Serve the Masses," ibid., 3.

62. Colin Darch e David Hedges, "Political Rhetoric in the Transition to Mozambican Independence: Samora Machel in Beira, June 1975," *Kronos* 39, no. 1 (2013): 41.

63. Ibid., 57.

64. Raul Honwana, *The Life History of Raul Honwana* (Boulder, CO: Lynne Reiner, 1988), 171.

65. Paul Fauvet e Marcelo Mosse, Carlos Cardoso: *Telling the Truth in Mozambique* (Cidade do Cabo: Double Storey, 2003), 24.

66. Olívia Machel, entrevista, Maputo, 7 de Março de 2019.

Capítulo 5: Política, Actuação e Poder Popular, 1975–ca. 1977

1. Olívia Machel, entrevista, 7 de Março de 2019.

2. Benedict Anderson, *Imagined Communities: Reflections on the Origin and Spread of Nationalism* (Londres: Verso, 1988).

3. *Review of African Political Economy* 2 (1975): 3.

4. António Alves Gomes, entrevista, 13 de Junho de 2018.

5. Graça Simbine nasceu em Gaza, em 1945. Frequentou o ensino primário numa escola missionária e foi a única africana da sua turma no Liceu António Enes, tendo obtido a nota mais alta no exame nacional de francês em Moçambique. Estudou na Universidade de Lisboa e ingressou na FRELIMO em 1973. Dois anos mais tarde, aos trinta anos, tornou-se a primeira Ministra da Educação e Cultura de Moçambique. No fim desse ano, casou-se com Samora. Graça Machel, entrevista, n.d., Centro de Documentação Samora Machel (CDSM), pasta 58.

6. Samora Machel, *The Tasks Ahead: Selected Speeches of Samora Machel* (Nova Iorque: Afro American Information Service, 1975), 4.

7. Este termo foi usado por Kelly Askew, *Performing the Nation: Swahili Music and Cultural Politics in Tanzania* (Chicago: University of Chicago Press, 2002).

8. Luís Bernardo Honwana, entrevista, Maputo, 7 de Março de 2019.

9. Christie, *Samora Machel*, 170.

10. Malyn Newitt, *A Short History of Mozambique* (Londres: Oxford University Press, 2017), 156.

11. Rui Assubuji, "Samora's Legacy in Kok Nam's Photography" (documento apresentado na conferência "The Living Legacies of Samora Machel," Centre for Humanities Research, University of Western Cape, 12 de Fevereiro de 2019).

12. Citado em Paul Fauvet e Marcelo Mosse, *Carlos Cardoso: Telling the Truth in Mozambique* (Cidade do Cabo: Double Storey, 2003), 50.

13. António Pinto de Abreu, *Algumas das memórias que eu ainda retenho* (Maputo: Madeira e Madeira, 2017), 76.

14. Sarah Lefanu, *S Is for Samora: A Lexical Biography of Samora Machel and the Mozambican Dream* (Nova Iorque: Columbia University Press, 2012), 107–8.

15. Rui Assubuji e Patricia Hayes, "The Political Sublime: Reading Kok Nam, Mozambican Photographer (1939–2012)," *Kronos* 39, no.

1 (2013): 66–111. Esta forma de atuar não foi exclusiva de Samora. Líderes à esquerda e à direita, de Castro a Mussolini, foram retratados lavrando a terra e dedicando-se a outros trabalhos de importância vital para a nação.

16. Samora Machel, "A Nossa Luta," *Notícias da Beira*, 7 de Junho de 1975.

17. Óscar Monteiro, o consultor jurídico sénior nas negociações do Acordo de Lusaca, tinha apenas trinta e três anos. Prakash Ratilal era quatro anos mais novo quando foi nomeado o responsável pela política monetária e vice-governador do Banco Central. Óscar Monteiro, entrevista, Matola, 21 de Março de 2019; Prakash Ratilal, entrevista, Maputo, 16 de Março de 2019.

18. Samora Machel, *Establishing People's Power to Serve the Masses* (Dar es Salaam: Tanzania Publishing House, 1977), 7.

19. Roberta Washington, comunicação pessoal, Nova Iorque, 26 de Agosto de 2019.

20. Benedito Luís Machava, "The Morality of Revolution: Urban Cleanup Campaigns, Reeducation Camps, and Citizenship in Socialist Mozambique (1974–1988)" (Dissertação de Doutoramento, University of Michigan, 2018), 202.

21. Sobre como os estados coloniais e pós-coloniais definiram as "mulheres de má vida", vide Dorothy L. Hodgson e Sheryl A. McCurdy, *"Wicked" Women and the Reconfiguration of Gender in Africa* (Portsmouth, NH: Heinemann, 2001).

22. Machava, "Morality of Revolution," 18.

23. Ibid., 15.

24. *Tempo* (Maputo), 1 de Janeiro de 1978, 53–54.

25. Michael T. Kaufman, "Mozambique Is Viewed as Africa's Best Hope for the Flowering of Socialism's 'New Man,'" *New York Times*, 14 de Novembro de 1977.

26. Fernando Ganhão, "Samora," in Samora: *Man of the People*, ed. António Sopa (Maputo: Maguezo Editores, 2001), 17.

27. Hélder Martins, *Porquê Sakrani? Memórias dum médico duma guerrilha esquecida* (Maputo: Editorial Terceiro Milénia, 2001), 91.

28. Darch, *Historical Dictionary*, 80.

29. Teodato Hunguana, entrevista, Maputo, 21 de Junho de 2018.

30. João Ferreira, entrevista, n.d., CDSM, pasta 58.

31. Samora também participou em discussões duras com Cardoso em privado. Para um excelente estudo da sua vida e carreira, vide Fauvet e Mosse, *Carlos Cardoso*. Segundo Graça Machel, "eles tinham uma forte relação intelectual — mesmo quando discordavam" (63).

32. Em 1981, o governo criou uma comissão para impor normas que limitavam quem tinha acesso às lojas, quanto cada família podia comprar e que produtos estariam disponíveis.

33. José Luís Cabaço, entrevista, Maputo, 13 de Julho de 2018.

34. Ibid.

35. Samora Machel, "Knowledge and Science Should Be for the Total Liberation of Man," *Race & Class* 19, no. 4 (1978): 400.

36. Samora Machel, *Fazer de escola uma base para o povo tomar o poder* (Maputo: Instituto Nacional do Livro e do Disco, 1979), 11–12.

37. Samora Machel, entrevista, 7 de Maio de 1979.

38. Judith Marshall, *Literacy, Power, and Democracy in Mozambique: The Governance of Learning from Colonization to the Present* (Boulder, CO: Westview, 1993), 91–103.

39. De Judite Frederico de Almeida e Faria para Samora Machel, 25 de Junho de 1975, CDSM, pasta 17.

40. José Luís Cabaço, "The New Man," in Sopa, *Samora: Man of the People*, 106.

41. Ibid., 103–11.

42. "Song for Samora," n.d., CDSM, pasta 29.

43. Samora Machel, "Knowledge and Science," 400.

44. UNICEF/WHO Joint Committee on Health Policy, *National Decision-Making for Primary Health Care* (Genebra: OMS, 1981).

45. Alexandre Gonçalves, "Priorité à la médicine préventive," *Afrique-Asie* 217 (Julho de 1980): 47.

46. David Morton, *Age of Concrete: Housing and the Shape of Aspiration in the Capital of Mozambique* (Athens: Ohio University Press, 2019), 220.

47. Allen Isaacman e Barbara Isaacman, *Mozambique: From Colonialism to Revolution* (Boulder, CO: Westview, 1983), 139.

48. Problemas semelhantes assolaram a campanha de alfabetização. Tal como referiu um professor canadiano, "o caminho revelou-se acidentado e irregular, marcado por avanços e recuos e por interrupções." (Marshall, *Literacy, Power, and Democracy*, 267).

49. Em 1975, Moçambique importava o dobro do que exportava, o défice comercial ascendia a 50 milhões de dólares e o produto nacional bruto caíra 17%. Jens Erik Torp, *Industrial Planning and Development in Mozambique* (Uppsala: Scandinavian Institute of African Studies, 1979), 31.

50. Prakash Ratilal, "O processo de adesão de Moçambique às instituições de Bretton Woods" (artigo não publicado, Maputo, 30 de Abril de 2010), 5.

51. Vide Isabel Casimiro, "*Paz na terra, guerra em casa*": *Feminismo e organizações de mulheres em Moçambique* (Recife: Editora UFPE, 2014).

52. Graça Machel, entrevista, Maputo, 24 de Março de 2019.

53. Ibid.

54. Ibid.

55. Olívia, Jucelina e Ornila Machel, entrevista conjunta; Samito Machel, entrevista, Maputo, 23 de Março de 2019.

56. Olívia, Jucelina e Ornila Machel, entrevista conjunta.

57. Olívia Machel, entrevista, Maputo, 7 de Março de 2019.

58. Samora Machel, entrevista, 7 de Maio de 1979.

59. Olívia Machel, entrevista, Maputo, 8 de Março de 2019. Jucelina, uma excelente corredora, representou Moçambique nos Jogos Olímpicos de 1980. Edelson foi considerado um dos melhores nadadores do país.

60. Graça Machel, entrevista, Maputo, 24 de Março de 2019.

61. De Nyeleti para Graça e Samora, 23 de Setembro de 1981, CDSM, pasta 8.

62. Hama Thay, entrevista, Maputo, 20 de Junho de 2018.

63. Teodato Hunguana, entrevista, Maputo, 21 de Junho de 2018.

Capítulo 6: O Marxismo de Samora Machel e a Defesa da Revolução, 1977–82

1. Samora Machel, "The People's Democratic Revolutionary Process," *in Samora Machel, an African Revolutionary: Selected Speeches and Writings*, ed. Barry Munslow (Londres: Zed Books, 1995), 42.

2. Sílvia Bragança, *Aquino de Bragança: Batalhas ganhas, sonhos a continuar* (Maputo: Ndjira, 2009), 277–78.

3. Vide Julius Nyerere, *Freedom and Unity: Uhuru na Umoja* (Oxford: Oxford University Press, 1966).

4. Numa conversa com Allen Isaacman e Ian Christie, Samora insistiu que "a principal característica de uma sociedade socialista é o estabelecimento da cooperação e da fraternidade entre os homens". Samora Machel, entrevista, 7 de Maio de 1979.

5. José Luís Cabaço, entrevista, Maputo, 11 de Junho de 2018.

6. Óscar Monteiro, entrevista, 6 de Março de 2013. Vide também De Jorge Rebelo para Graça Machel, n.d., Centro de Documentação Samora Machel (CDSM), pasta 27.

7. Após a morte de Samora, Chissano e Guebuza abandonaram qualquer pretensão de serem marxistas. Ambos regressaram à igreja e tornaram-se proprietários ricos, tal como muitos dos seus antigos camaradas.

8. Agência de Informação de Moçambique, *Information Bulletin* 9–10 (1977): 6.

9. Ibid., 11.

10. Samora Machel, entrevista, 7 de Maio de 1979.

11. Frelimo, *Central Committee Report to the Third Congress of Frelimo* (Londres: Mozambique, Angola, Guinea-Bissau Information Centre, 1978), 43–44.

12. Samora Machel, entrevista, 7 de Maio de 1979.

13. Frelimo, *Central Committee Report*, 216.

14. *Notícias* (Maputo), 28 de Agosto de 1982.

15. Otto Roesch, "Socialism and Rural Development in Mozambique: The Case of Aldeia Comunal 24 de Julho" (Dissertação de Doutoramento, University of Toronto, 1986), *passim*.

16. M. Anne Pitcher, *Transforming Mozambique: The Politics of Privatization, 1975–2000* (Cambridge: Cambridge University Press, 2002), 95.

17. Alice Dinerman, *Revolution, Counter-revolution and Revisionism in Post-colonial Africa: The Case of Mozambique*, 1975–1994 (Londres: Routledge, 2015), 68.

18. Paul Fauvet, comunicação pessoal, Maputo, 13 de Julho de 2019.

19. Notícias (Maputo), 20 de Agosto de 1982.

20. Na Aldeia Comunal Eduardo Mondlane, em Gaza, 35% dos membros da cooperativa trabalharam coletivamente cinquenta dias ou menos num ano (*Notícias* [Maputo], 25 de Junho de 1982).

21. David Ottaway e Marina Ottaway, *Afrocommunism* (Nova Iorque: Africana, 1981), 87.

22. Samora Machel, entrevista, 7 de Maio de 1979.

23. Merle L. Bowen, "Peasant Agriculture in Mozambique: The Case of Chokwe, Gaza Province," *Canadian Journal of African Studies* 23, no. 3 (1989): 355–79.

24. Marcia Cathérine Schenck, "Socialist Solidarities and Their Afterlives: Histories and Memories of Angolan and Mozambican Migrants in the German Democratic Republic, 1975–2015" (Dissertação de Doutoramento, Princeton University, 2019), 44.

25. Estas ideias foram enfatizadas num discurso de Graça Machel, Ministra da Educação, aos estudantes que partiam para Cuba em 1977 (Notícias [Maputo], 3 de Setembro de 1977).

26. Ratilal, "O processo de adesão," 7.

27. Business International, *Mozambique: On the Road to Reconstruction and Development* (Genebra: Business International, 1980), 50–51.

28. Pitcher, *Transforming Mozambique*, 82.

29. Joseph Hanlon, *Mozambique: Who Calls the Shots?* (Bloomington: Indiana University Press, 1991), 12.

30. Ratilal, "O processo de adesão," 5.

31. Hanlon, *Mozambique*, 11, 7–9.

32. Prakash Ratilal, entrevista, Maputo, 23 de Março de 2019.

33. Samora Machel, entrevista, 7 de Maio de 1979.

34. Samora Machel, *Establishing People's Power to Serve the Masses* (Dar es Salaam: Tanzania Publishing House, 1977), 7.

35. Samora Machel, entrevista, 7 de Maio de 1979.

36. Samora Machel, "Make Beira the Starting-Point for an Organizational Offensive," in Munslow, *Samora Machel*, 73.

37. António Alves Gomes, entrevista, 18 de Abril de 2019.

38. Entre os "comprometidos" encontrava-se um pequeno número de simpatizantes da FRELIMO que tinham sido presos pelos portugueses. Por não terem participado na educação política durante a luta armada, alguns foram inicialmente considerados suspeitos. Vide Benedito Luís Machava, "State Discourse on Internal Security and the Politics of Punishment in Post-Independence Mozambique (1975–1983)," *Journal of Southern African Studies* 37, no. 3 (2011): 60.

39. António Alves Gomes, entrevista, 18 de Abril de 2019.

40. "Para compreender os crimes contra o povo e o Estado," *Tempo* (Maputo), 18 de Março de 1979, 18–22.

41. Frelimo, *Central Committee Report*, supp. 6.

42. Samora Machel, discurso proferido na Sexta Conferência de Chefes de Estado e de Governo dos Países Não-Alinhados, Havana, Cuba, 4 de Setembro de 1979, Agência de Informação de Moçambique, *Information Bulletin* 39 (1979), supp. 6.

43. Marcelino dos Santos, entrevista, Maputo, 2 de Agosto de 1977.

44. Allen e Barbara Isaacman, "Mozambique Tells Big Powers: 'Stay on Your Own Blocs,'" *Christian Science Monitor*, 18 de Novembro de 1980.

45. Citado em John S. Saul, *The State and Revolution in Eastern Africa* (Nova Iorque: Monthly Review Press, 1979), 443.

46. De Frank Wisner para Graça Machel, 22 de Outubro de 1986, CDSM, pasta 4.

47. Vide Stephen A. Emerson, *The Battle for Mozambique: The Frelimo-Renamo Struggle, 1977–1992* (Solihull, UK: Helion, 2014).

48. Para documentação destes abusos, vide Robert Gersony, *Summary of Mozambican Refugee Accounts of Principally Conflict-Related Experience in Mozambique* (Washington, DC: Department of State, Bureau for Refugee Programs, 1988).

49. Vernácio Leone, entrevista, Estima, 19 de Maio de 1998.

50. Os seus relatos são confirmados em Gersony, *Summary of Mozambican Refugee Accounts*, e William Minter, *Apartheid's Contras: An Inquiry into the Roots of War in Angola and Mozambique* (Londres: Zed Books, 1994), que também documenta os mecanismos coercivos utilizados pela RENAMO para impedir as deserções e intimidar a população sob o seu controlo.

51. Emerson, *Battle for Mozambique*, 165.

52. O líder da RENAMO, Afonso Dhlakama, vangloriou-se perante os jornalistas portugueses de que o Ministro da Defesa sul-africano, Magnus Malan, o tinha nomeado coronel e lhe garantira que o seu exército passava a fazer parte das Forças de Defesa Sul-Africanas. Colin Legum, "The Counter Revolutionaries in Southern Africa: The Challenge of the Mozambique National Resistance," *Third World Reports* (Março de 1983): 13.

53. José Luís Cabaço, entrevista, Maputo, 11 de Junho de 2018.

54. Gersony, *Summary of Mozambique Refugee Accounts*.

55. Sérgio Chichava, "'They Can Kill Us but We Won't Go to the Communal Villages!': Peasants and the Policy of 'Socialisation of the Countryside' in Zambezia," Kronos 39, no. 1 (January 2013): 112–30; Dinerman, *Revolution, Counter-revolution*, 122–26; Christian Geffray, *A causa das armas: Antropologia da guerra contemporânea em Moçambique* (Porto: Afrontamento, 1991).

Capítulo 7: O Desenrolar da Revolução Socialista em Moçambique, 1983–86

1. Margaret Hall e Tom Young, *Confronting Leviathan: Mozambique since Independence* (Athens: Ohio University Press, 1997), 156–57.

2. Prakash Ratilal, entrevista, 23 de Março de 2019.

3. M. Anne Pitcher, *Transforming Mozambique: The Politics of Pri-*

vatization, 1975–2000 (Cambridge: Cambridge University Press, 2002), 103–6.

4. "Report from the Commission for Economic and Social Directives: Frelimo Fourth Party Congress, 1983," reproduzido em Allen Isaacman e Barbara Isaacman, *Mozambique: From Colonialism to Revolution* (Boulder, CO: Westview, 1983), 157.

5. Allen Isaacman, "Mozambique Rethinks Marxism, Encourages Private Enterprise," *Christian Science Monitor*, 15 de Junho de 1983.

6. "Report from the Commission," 198, 200.

7. Isaacman, "Mozambique Rethinks Marxism."

8. Pitcher, *Transforming Mozambique*, 106.

9. José Luis Cabaço, entrevista, Maputo, 13 de Junho de 2018.

10. Pitcher, *Transforming Mozambique*, 117.

11. Machel, *Establishing People's Power*, 7.

12. Samora Machel, entrevista, 7 de Maio de 1979.

13. Hall e Young, *Confronting Leviathan*, 75.

14. Machel, "Make Beira the Starting-Point," 73.

15. Teodato Hunguana, entrevista, Maputo, 21 de Junho de 2018.

16. Citado em Benedito Luís Machava, "The Morality of Revolution: Urban Cleanup Campaigns, Reeducation Camps, and Citizenship in Socialist Mozambique (1974–1988)" (Dissertação de Doutoramento, University of Michigan, 2018), 107.

17. Ibid., 112.

18. Paulo Zucula, entrevista, Maputo, 13 de Março de 2019.

19. Machava, "Morality of Revolution," 113.

20. Ibid., 15.

21. Vide, por exemplo, João M. Cabrita, *Mozambique: The Tortuous Road to Democracy* (New York: Palgrave, 2000), 96.

22. Machava, "Morality of Revolution," 15.

23. Carmen Zucula, entrevista, Maputo, 16 de Março de 2019.

24. Entrevista anónima, Maputo, 28 de Março de 2019.

25. Arlindo Chilundo, entrevista, Maputo, 9 de Março de 2019.

26. Teodato Hunguana, entrevista, 21 de Junho de 2018.

27. Machava, "Morality of Revolution," 154.

28. António Alves Gomes, entrevista, 21 de Junho de 2018.

29. Comunicação pessoal de Paul Fauvet, Maputo, 10 de Julho de 2019.

30. António Alves Gomes, entrevista, 21 de Junho de 2018.

31. Ibid.

32. José Luís Cabaço, entrevista, 13 de Junho de 2018.

33. António Alves Gomes, entrevista, 21 de Junho de 2018

34. José Luís Cabaço, entrevista, 11 de Junho de 2018.

35. Ibid.; António Alves Gomes, entrevista, 21 de Junho de 2018

36. Óscar Monteiro, entrevista, Matola, 15 de Março de 2019.

37. Declaração final de Samora Machel na assinatura do Acordo de Nkomati, 16 de Março de 1984, colecção dos autores.

38. Nyerere tinha dito anteriormente a Monteiro que compreendia que a Frelimo tinha poucas opções e que não era do interesse da África independente que Moçambique fosse destruído apenas para que o ANC se pudesse envolver em incursões pontuais simbólicas (Óscar Monteiro, entrevista, Matola, 15 de Março de 2019).

39. Paul Fauvet e Marcelo Mosse, *Carlos Cardoso: Telling the Truth in Mozambique* (Cidade do Cabo: Double Storey, 2003), 127.

40. Testemunho de João Honwana perante a Comissão de Verdade e Reconciliação, n.d., Arquivo Histórico da África do Sul, processo AL2878_BO1.75.01.29.01.

41. Óscar Monteiro, entrevista, Matola, 15 de Março de 2019.

42. Sobre o apoio militar da África do Sul, vide Hall e Young, *Confronting Leviathan, 115–57.*

43. Alice Dinerman, *Revolution, Counter-revolution and Revisionism in Post-colonial Africa: The Case of Mozambique, 1975–1994* (Londres: Routledge, 2015), 59.

44. William Finnegan, A Complicated War: The Harrowing of Mozambique (Berkeley: University of California Press, 1992), 142.

45. Jacinto Veloso, *Memórias em Voo Rasante* (Maputo: JV Editores, 2011), 159–94.

46. Entrevista anónima.

47. Óscar Monteiro, entrevista, Matola, 26 de Março de 2019.

48. José Luís Cabaço, entrevista, Maputo, 13 de Junho de 2019.

49. Olívia Machel, entrevista, Maputo, 7 de Março de 2019.

50. Olívia, Jucelina e Ornila Machel, entrevista conjunta.

51. Entrevista anónima.

Capítulo 8: Quem Matou Samora?

1. *Diário de Moçambique*, 22 de Outubro de 1986.

2. Jeremy Gavron, "Emotional Funeral for President Machel," *Daily Telegraph* (Londres), 26 de Outubro de 1986.

3. *Tempo* (Maputo), 23 de Novembro de 1986.

4. Estas mensagens estão contidas em "Telex, Cartas dos Países Socialistas Sobre a Morte de Samora Machel," 1986, CDSM, pasta 4.

5. Carta de condolências de Coretta Scott King endereçada a Graça Machel, 27 de Outubro de 1987, CDSM, pasta 4.

6. Godwin Matatu, "Machel's Mourners Snub Botha's Funeral Plea," *Observer* (Londres), 26 de Outubro de 1986.

7. Christie, *Samora Machel*, xvii.

8. *Independent* (Lusaca), 22 de Outubro de 1986.

9. Lawrence Hamburger, entrevista, Cidade do Cabo, 29 de Fevereiro de 2019.

10. *Diário de Moçambique*, 22 de Outubro de 1982, 22.

11. Fauvet e Mosse, *Carlos Cardoso*, 156.

12. Daniel L. Douek, "New Light on the Samora Machel Assassination: 'I Realized That It Was No Accident,'" *Third World Quarterly* 38, no. 9 (2017): 2050–51.

13. Testemunho de João Honwana, n.d., 14, SAHA, processo AL2878_B01.5.75.01 .29.01.

14. Fauvet e Mosse, *Carlos Cardoso*, 156.

15. Testemunho de João Honwana, n.d., 10, SAHA, processo AL2878_B01. 5.75.01. 29.01.

16. Fauvet e Mosse, *Carlos Cardoso*, 159.

17. Douek, "New Light," 2056.

18. Outro objetivo da reunião era pressionar o presidente do Zaire, Mobutu Sese Seko, a deixar de apoiar a UNITA, um grupo de oposi-

ção angolano ligado tanto a Pretória como aos Estados Unidos.

19. Fauvet e Mosse, *Carlos Cardoso*, 162.

20. Douek, "New Light," 2055.

21. Fauvet e Mosse, *Carlos Cardoso*, 164.

22. Testemunho de João Honwana, n.d., 6–7, SAHA, processo AL2878_B01. 5.75.01. 29.01.

23. Este material encontra-se no Arquivo Histórico da África do Sul (SAHA), processo AL2878_B01.5.75.01.29.01-29.09. Para uma exploração informativa destes documentos, vide Douek, "New Light."

24. Fauvet e Mosse, *Carlos Cardoso*, 156.

25. Pretória rejeitou as alegações relativas ao farol, que designou como "propaganda comunista", num documentário televisivo que durou uma hora, produzido por oficiais da inteligência militar e psicológica e transmitido pela South African Broadcasting Company em 1987 (Douek, "New Light," 2056–58).

26. Testemunho de João Honwana, n.d., 5, SAHA, processo AL2878_B01.5.75.01.29.01.

27. Fauvet e Mosse, *Carlos Cardoso*, 166–67.

28. Ibid., 170.

29. Douek, "New Light," 2055.

30. Ibid., 2056. Vide testemunho de Willem Oostuizen, n.d., 300–305, SAHA, processo AL2878_B01.5.75.01.29.09.

31. Testemunho de J. H. Basson, n.d., 166–67, SAHA, processo AL2878_B01. 5.75.01. 29.09.

32. Testemunho de João Honwana, n.d., 7, SAHA, processo AL2878_B01.5.75.01.29.01.

33. Douek, "New Light," 2058.

34. Ibid., 2050.

35. Testemunho de Debra Patta, n.d., 146, SAHA, processo AL2878_B01.5.75.01.29.04.

36. Ibid., 45, 142.

37. Ibid., 116.

38. De acordo com um perito em vigilância através de rádio, na altura estava baseado na Suazilândia, é possível que o VOR de Maputo

estivesse a funcionar corretamente, mas tenha sido simplesmente anulado por um sinal mais potente (comunicação pessoal com William Minter, Washington, D.C., 14 de Janeiro de 2019).

39. António Alves Gomes, entrevista, Maputo, 12 de Março de 2019.

Capítulo 9: A Vida Política Póstuma de Samora e a Política da Memória

1. M. Anne Pitcher, "Forgetting from Above and Memory from Below: Strategies of Legitimation and Struggle in Postsocialist Mozambique," *Africa: Journal of the International African Institute* 76, no. 1 (2006): 96–98.

2. Maria-Benedita Basto, "The Writings of the National Anthem in Independent Mozambique: Fictions of the Subject-People," *Kronos* 39, no. 1 (2013): 193.

3. Talvez a frase mais memorável desta versão tenha sido "somos soldados do povo que combate a burguesia" (comunicação pessoal de Paul Fauvet, Maputo, 13 de Julho de 2019).

4. Amélia Neves de Souto, "Memory and Identity in the History of Frelimo: Some Research Themes," *Kronos* 39, no. 1 (2013): 289.

5. *Domingo* (Maputo), 29 de Outubro de 1986; *Njiguiritane*, 2 de Novembro de 1986; *Domingo* (Maputo), 20 de Outubro de 1997; *Demos* (Maputo), 15 de Outubro de 1997; *Zambeze* (Beira), 26 de Junho de 2003.

6. Savana (Maputo), 18 de Abril de 2004; *Domingo* (Maputo), 22 de Outubro de 2006; *Notícias* (Maputo), 17 de Outubro de 2006; *Notícias* (Maputo), 8 de Outubro de 2016.

7. José Luís Cabaço, entrevista, Maputo, 21 de Junho de 2018.

8. Souto, "Memory and Identity," 292–95.

9. Citado em Pitcher, "Forgetting from Above," 104.

10. Khalid Shamis, "The Mbuzini Memorial: A Film Project" (documento apresentado na conferência "The Living Legacies of Samora Machel," Center for Humanities Research, University of Western Cape, 12 de Fevereiro de 2019).

11. David Hoile, *Mozambique: Propaganda, Myth and Reality* (Londres: Mozambique Institute, 1991); Victor Igreja, "Frelimo's Political Ruling through Violence and Memory in Postcolonial Mozambique," *Journal of Southern African Studies* 36, no. 4 (Dezembro de 2010): 781–99; Sérgio Chichava, "'They Can Kill Us but We Won't Go to the Communal Villages!': Peasants and the Policy of 'Socialisation of the Countryside' in Zambezia," Kronos 39, no. 1 (Janeiro de 2013): 112–30.

12. Janne Rantala, "'Hidrunisa Samora': Invocations of a Dead Political Leader in Maputo Rap," *Journal of Southern African Studies* 42, no. 6 (Novembro de 2016): 1162.

13. Ibid., 1174.

14. Ibid., 1172.

15. Azagaia, entrevista, Maputo, 30 de Março de 2019.

16. Rantala, "'Hidrunisa Samora,'" 1162.

17. António Alves Gomes, entrevista, 21 de Junho de 2018.

18. José Luís Cabaço, entrevista, Maputo, 21 de Junho de 2018.

19. Alpheus Manghezi, "Samora Machel: Man of the People," in *Samora: Man of the People*, ed. Antonio Sopa (Maputo: Maguezo Editores, 2001), 135.

20. Esta canção *mapiko*, da autoria de Shitunda, foi composta por Bernardino Juakali Namba, que fora preso em 1960 por ter cantado uma canção sobre o massacre de Mueda. Gravada em Cabo Delgado, 2008, por Paolo Israel; tradução de Israel.

21. Mang'anyamu Matambalale era um grupo artístico mascarado de animais. Gravado em Cabo Delgado, 2005, por Paolo Israel. In Paolo Israel, In Step with the Times: *Mapiko Masquerades of Mozambique* (Athens: Ohio University Press, 2014), 229.

22. Lingundumbwe Mbwidi (Nangade) foi um dos últimos grupos de mulheres a executar danças históricas. Gravado em Cabo Delgado, 2004, por Paolo Israel.

23. Musaemura Zimunya, "In Memory of Machel," in *Samora! Tribute to a Revolutionary*, ed. Chenjerai Hove, Gibson Mandishona e Musaemura Zimunya (Harare: Zimbabwe Writers Union e Zim-

babwe Newspapers Ltd., 1986), 14. Braai é o termo em afrikaans que significa churrasco.

24. Trata-se do extracto de uma conversa que Allen teve com um taxista que o transportou pela cidade de Maputo em Maio de 2018.

25. Mantchiyani Samora Machel, *My love: A nossa forma de estar e a cegueira deliberada* (Maputo: Kapicua Livros e Multimédia Maputo, 2017).

26. Dois dias antes da nossa partida para a Beira para conversar com os críticos de Samora, o ciclone Idai devastou a cidade e grande parte da região adjacente, inviabilizando a nossa viagem.

27. Janna Rantala, "'*Chambocadasa todos ali*': Ambivalence of Samora and His Time in Mozambican Rap" (comunicação apresentada na conferência "The Living Legacies of Samora Machel," Center for Humanities Research, University of Western Cape, 12 de Fevereiro de 2019).

Conclusão: A Vida de Samora Revisitada

1. Notícias, 9 de Abril de 1984, 1.

LEITURA RECOMENDADA
GLOSSÁRIO

Livros de Referência

Christie,Iain.*SamoraMachel:ABiography*.Londres:ZedBooks,1988.

Darch, Colin. *Historical Dictionary of Mozambique*. Lanham, MD: Rowman e Littlefield, 2019.

Gomes, António Alves e Albie Sachs, eds. *Samora Machel by Kok Nam*, Cidade do Cabo: African Lives, 2018.

Le Fanu, Sarah. *S is for Samora: A Lexical Biography of Samora Machel and the Mozambican Dream*. Durban: University of Kwa-Zulu Natal Press, 2012.

Mondlane, Eduardo. *The Struggle for Mozambique*. Londres: Zed Press, 1983.

Newitt, Malyn. *A History of Mozambique*. Bloomington: Indiana University Press, 1995.

Sopa, António, ed. *Samora: Man of the People*. Maputo: Maguezo Editores, 2001.

Souto, Amélia Neves de e António Sopa, eds. *Samora Machel: Bibliografia* (1970–1986).

Maputo: Centro de Estudos Africanos, Universidade Eduardo Mondlane, 1996.

Memórias

Bragança, Sílvia. *Aquino de Bragança: Batalhas ganhas, sonhos a continuar.* Maputo: Ndjira, 2009.

Caliate, Zeca. *A odisseia de um guerrilheiro*. Auto-publicação, CreateSpace, 2014.

Chipande, Alberto Joaquim. *Como eu vivo a minha história*. Maputo: Kadimah, 2018.

Ferrão, Valeriano. *Embaixador nos EUA*. Maputo: Ndjira, 2007.

Chissano, Joaquim Alberto. *Vidas, lugares e tempos*. Maputo: Texto Editores, 2010.

Honwana, Luís Bernardo. *A velha casa de madeira e zinco*. Maputo: Alcance, 2017.

Manghezi, Nadja. The Maputo Connection: ANC Life in the World of Frelimo. Cidade do Cabo: Jacana, 2009.

Martins, Hélder. Porquê Sakrani? Memórias dum médico duma guerrilha esquecida. Maputo: Editorial Terceiro Milénio, 2001.

Mondlane, Janet Rae, ed. *O eco da tua voz: Cartas editadas de Eduardo Mondlane*. Vol. 1. Maputo: Imprensa Universitária UEM, 2007.

Monteiro, Óscar. *De todos se faz um país*. Maputo: Associação dos Escritores Moçambicanos, 2012.

Nihia, Eduardo Silva. *M'toto: Combatente pela liberdade*. Maputo: Imprensa Universitária UEM, 2016.

Pachinuapa, Raimundo, ed. *Memórias da revolução, 1962–1974: Colectânea de entrevistas de combatentes da luta de libertação nacional.* Vol. 1. Maputo: Centro de Pesquisa da História da Luta de Libertação Nacional, 2011.

Pelembe, João Facitela. *Lutei pela pátria: Memórias de um combatente da luta pela libertação nacional.* Maputo: Auto-publicação, 2012.

Veloso, Jacinto. *Memories at Low Altitude: The Autobiography of a Mozambican Security Chief.* Cidade do Cabo: Zebra Press, 2012.

Websites

JSTOR, Struggles for Freedom Southern Africa. https://www.aluka.org/struggles.

Mozambique History Net. Colin Darch, ed. http://www.mozambiquehistory.net.

Estudos Académicos

Adam, Yussuf. *Escapar aos dentes do crocodilo e cair na boca do leopardo: Trajectória de Moçambique pós-colonial* (1975–1990). Maputo: Promédia, 2005.

Alpers, Edward A. "Islam in the Service of Colonialism? Portuguese Strategy during the Armed Liberation Struggle in Mozambique." Lusotopie, no. 6 (1999): 165–84.

Bowen, Merle L. *The State against the Peasantry: Rural Struggles in Colonial and Postcolonial Mozambique.* Charlottesville: University Press of Virginia, 2000.

Cruz e Silva, Teresa. *Protestant Churches and the Formation of Political Consciousness in Southern Mozambique* (1930–1974). Basel: P. Schlettwein, 2001.

Darch, Colin. "Are There Warlords in Provincial Mozambique? Questions of the Social Base of MNR Banditry." *Review of African Political Economy*, no. 45/46 (1989): 34–49.

Darch, Colin e David Hedges. "Political Rhetoric in the Transition to Mozambican Independence: Samora Machel in Beira, June 1975." Kronos 39, no. 1 (2013): 32–65.

Dhada, Mustafah. *The Portuguese Massacre of Wiriyamu in Colonial Mozambique*, 1964–2013. Nova Iorque: Bloomsbury Academic, 2016.

Dinerman, Alice. *Revolution, Counter-revolution and Revisionism in Post-colonial Africa: The Case of Mozambique*, 1975–1994. Londres: Routledge, 2015.

Douek, Daniel L. "New Light on the Samora Machel Assassination: 'I Realized That It Was No Accident,'" Third World Quarterly 38, no. 9 (2017): 2045–65.

Emerson, Stephen A. *The Battle for Mozambique: The Frelimo-Renamo Struggle*, 1977–1992. Solihull, UK: Helion, 2014.

Finnegan, William. *A Complicated War: The Harrowing of Mozambique*. Berkeley: University of California Press, 1996.

Funada-Classen, Sayaka. *The Origins of War in Mozambique: A History of Unity and Division*. Oxford: African Minds, 2013.

Geffray, Christian. *A causa das armas: Antropologia da guerra contemporânea em Moçambique*. Tradução de Adelaide Odete Ferreira. Porto: Afrontamento, 1991. Originalmente publicado como *La cause des armes au Mozambique: Anthropologie d'une guerre civile* (Paris: Karthala, 1990).

Hall, Margaret e Tom Young. *Confronting Leviathan: Mozambique since Independence*. Athens: Ohio University Press, 1997.

Hanlon, Joseph. *Mozambique: The Revolution under Fire*. Londres: Zed Books, 1984.

Isaacman, Allen. *Cotton Is the Mother of Poverty: Peasants, Work, and Rural Struggle in Colonial Mozambique*, 1938–1961. Portsmouth, NH: Heinemann, 2004.

Isaacman, Allen e Barbara Isaacman. *Dams, Displacement, and the Delusion of Development: Cahora Bassa and Its Legacies in Mozambique, 1965–2007*. Athens: Ohio University Press, 2013.

— — — . *Mozambique: From Colonialism to Revolution*. Boulder, CO: Westview, 1983.

— — — . *The Tradition of Resistance in Mozambique: Anti-colonial Activity in the Zambesi Valley, 1850–1921*. Berkeley: University of California Press, 1976.

Manning, Carrie. *The Politics of Peace in Mozambique: Post-conflict Democratization, 1992–2000*. Westport: Greenwood, 2002.

Marcum, John A. *Conceiving Mozambique*. Cham, Suíça: Palgrave Macmillan, 2018.

Marshall, Judith. *Literacy, Power, and Democracy in Mozambique: The Governance of Learning from Colonization to the Present*. Boulder, CO: Westview, 1993.

Matusse, Renato. *Coronel-General Fernando Matavele: De cidadão vulgar a patriota invulgar*. Maputo: Texto Editores, 2012.

Mboa, Matias. *Memórias da luta clandestina*. Maputo: Marimbique, 2009.

Minter, William. *Apartheid's Contras: An Inquiry into the Roots of War in Angola and Mozambique*. Londres, Zed Books, 1994.

Munslow, Barry. *Mozambique: The Revolution and Its Origins*. Londres: Longman, 1983.

— — — , ed. *Samora Machel, an African Revolutionary: Selected Speeches and Writings*. Londres: Zed Books, 1995.

Newitt, Malyn. *A Short History of Mozambique*. Londres: Oxford, 2017.

Roesch, Otto. "Renamo and the Peasantry in Southern Mozambique: A View from Gaza Province." *Canadian Journal of African Studies* 26, no. 3 (1992): 462–84.

Saul, John S., ed. *A Difficult Road: The Transition to Socialism in Mozambique*. Nova Iorque: Monthly Review Press, 1985.

— — — . *The State and Revolution in Eastern Africa*. Nova Iorque York: Monthly Review Press, 1979.

Sheldon, Kathleen. *Pounders of Grain: A History of Women, Work, and Politics in Mozambique*. Portsmouth, NH: Heinemann, 2002.

Tembe, Joel das Neves, ed. *História da luta de libertação nacional*. Vol. 1. Maputo: Ministério dos Combatentes, Direcção Nacional da História, 2014.

— — —, ed. "Uhuru ni Kazi: Recapturing MANU Nationalism through the Archive." Kronos 39, no. 1 (November 2013): 257–79.

Vines, Alex. *RENAMO: From Terrorism to Democracy in Mozambique?* 2ª rev. ed. Londres: James Currey, 1996.

Wilson, K. B. "Cults of Violence and Counter-violence in Mozambique." *Journal of Southern African Studies* 18, no. 3 (Setembro de 1992): 527–82.

Young, Tom. "The MNR/RENAMO: External and Internal Dynamics." *African Affairs* 89, no. 357 (Outubro de 1990): 491–509.

Glossário

AJ - Anders Johanssen
CDSM - Centro de Documentação Samora Machel
CFF - Centro de Formação Fotográfica
DIPF - Departamento de Informação e Propaganda da Frelimo
DM - Daniel Maquinasse
KN - Kok Nam
RR - Ricardo Rangel

ÍNDICE FINAL